经理人下午茶系列 9

无阻力变革

《哈佛管理前沿》
《哈佛管理通讯》 编辑组 编

王春颖 译

商务印书馆
2008年·北京

Managing Change to Reduce Resistance

Original work copyright © Harvard Business School Publishing Corporation.

Published by arrangement with Harvard Business School Press.

图书在版编目(CIP)数据

无阻力变革/《哈佛管理前沿》《哈佛管理通讯》编辑组编;王春颖译. —北京:商务印书馆,2008
(经理人下午茶系列)
ISBN 7-100-05218-1

I. 无… II. ①哈…②王… III. 企业管理 IV. F270

中国版本图书馆 CIP 数据核字(2006)第 105486 号

所有权利保留。
未经许可,不得以任何方式使用。

无阻力变革

《哈佛管理前沿》
《哈佛管理通讯》编辑组 编

王春颖 译

商 务 印 书 馆 出 版
(北京王府井大街36号 邮政编码 100710)
商 务 印 书 馆 发 行
北 京 瑞 古 冠 中 印 刷 厂 印 刷
ISBN 7-100-05218-1/F·640

2008年4月第1版　　开本 650×1000　1/16
2008年4月北京第1次印刷　印张 14¼
印数 5 000 册

定价:32.00元

商务印书馆—哈佛商学院出版公司经管图书翻译出版咨询委员会

（以姓氏笔画为序）

方晓光　　盖洛普（中国）咨询有限公司副董事长
王建铆　　中欧国际工商学院案例研究中心主任
卢昌崇　　东北财经大学工商管理学院院长
刘持金　　泛太平洋管理研究中心董事长
李维安　　南开大学商学院院长
陈国青　　清华大学经管学院常务副院长
陈欣章　　哈佛商学院出版公司国际部总经理
陈　儒　　中银国际基金管理公司执行总裁
忻　榕　　哈佛《商业评论》首任主编、总策划
赵曙明　　南京大学商学院院长
涂　平　　北京大学光华管理学院副院长
徐二明　　中国人民大学商学院院长
徐子健　　对外经济贸易大学副校长
David Goehring　哈佛商学院出版社社长

致中国读者

哈佛商学院经管图书简体中文版的出版使我十分高兴。2003年冬天，中国出版界朋友的到访，给我留下十分深刻的印象。当时，我们谈了许多，我向他们全面介绍了哈佛商学院和哈佛商学院出版公司，也安排他们去了我们的课堂。从与他们的交谈中，我了解到中国出版集团旗下的商务印书馆，是一个历史悠久、使命感很强的出版机构。后来，我从我的母亲那里了解到更多的情况。她告诉我，商务印书馆很有名，她在中学、大学里念过的书，大多都是由商务印书馆出版的。联想到与中国出版界朋友们的交流，我对商务印书馆产生了由衷的敬意，并为后来我们达成合作协议、成为战略合作伙伴而深感自豪。

哈佛商学院是一所具有高度使命感的商学院，以培养杰出商界领袖为宗旨。作为哈佛商学院的四大部门之一，哈佛商学院出版公司延续着哈佛商学院的使命，致力于改善管理实践。迄今，我们已出版了大量具有突破性管理理念的图书，我们的许多作者都是世界著名的职业经理人和学者，这些图书在美国乃至全球都已产生了重大影响。我相信这些优秀的管理图书，通过商务印书馆的翻译出版，也会服务于中国的职业经理人和中国的管理实践。

20多年前，我结束了学生生涯，离开哈佛商学院的校园走向社会。哈佛商学院的出版物给了我很多知识和力量，对我的职业生涯产生过许多重要影响。我希望中国的读者也喜欢这些图书，并将从中获取的知识运用于自己的职业发展和管理实践。过去哈佛商学院的出版物曾给了我许多帮助，今天，作为哈佛商学院出版公司的首席执行官，我有一种更强烈的使命感，即出版更多更好的读物，以服务于包括中国读者在内的职业经理人。

在这么短的时间内，翻译出版这一系列图书，不是一件容易的事情。我对所有参与这项翻译出版工作的商务印书馆的工作人员，以及我们的译者，表示诚挚的谢意。没有他们的努力，这一切都是不可能的。

哈佛商学院出版公司总裁兼首席执行官

万季美

| 前　言 | 001 |

第一部分　运用基本变革领导战略

1. 营造变革的气氛——调动执行团队和整个组织的积极性　020
2. 短期成功——变革计划的关键　030
3. 如何实施重大变革——约翰·科特访谈录　038
4. 通过肯定式探寻进行变革　052
5. 组织资本 I——支持能够保证战略实施的变革日程　062
6. 组织资本 II——领导力、一致性及协作精神　078

第二部分　清除变革过程中的主要障碍

1. 反思埃里克·亚伯拉罕森的管理经验——更好的重组之路　094
2. 如何克服"变革疲劳症"　104
3. 不只是为了幸存——如何帮助员工实现角色转变？　114
4. 如何对变革管理的方式进行变革　122
5. 变革审查——一个用来监测公司面临的最大挑战的全新工具　130

第三部分　未雨绸缪的变革

1. 公司被成功禁锢了吗？　　　　　　　　　　　　　142
2. 反思理查德·科佩尔的管理经验——没有紧迫感的变革　　　　　　　　　　　　　　　　　154
3. 坚持到底——福特公司利用沟通实现变革　　164

第四部分　变革的有效沟通

1. 变革沟通——来自专家的 12 条建议　　　　　176
2. 你作好顶线收益增长的准备了，员工呢？　　188
3. 反思霍华德·加德纳的管理经验——变革思维的战略　　　　　　　　　　　　　　　　　　196
4. 将沟通作为变革的工具　　　　　　　　　　　206

作者简介　　　　　　　　　　　　　　　　　　216

前　言

  正如活的有机体一样，公司处于不断变化的环境当中。新的商业现实，比如出人意料的技术、层出不穷的市场以及激烈的变革都会改写竞争的法则，会不断带来新的挑战。为了能够战胜并领先于对手，公司必须能够迅速适应这些新的现实。这就需要你和其他的管理者进行有效的变革。

  很多企业都通过对自身现状的分析制定一些新的竞争战略，并通过这些战略来寻求新的适应性。比如，任何一家公司都希望在某一特定市场用最低的成本提供最尖端的技术，或者满足其他公司无法满足的某一特殊消费群体的需求。公司的不同部门，像研发部、市场部、人力资源部以及其他的职能部门等，也都要起带头作用来共同支持公司的发展战略。

  作为公司的管理者，你能够（而且必须）帮助公司通过在团队、部门以及分支部门进行变革来抓住新的商业现实所带来的契机。通过成功地进行变革，你会给公司带来更有价值的收益；通过向公司提供有创造性的产品以及具有革新精神的服务，你可以增强公司迅速适应新的商业现实的能力；通过有效的步骤，你可以使公司走在变革的前面。公司的竞争实力大大增强,并从变革中获益良多,所有这一切都是与你的努力分不开的。

望而生畏的挑战

但是,从你以往作为管理者的经验来看,实行变革谈何容易!也许你已经发现,许多员工认为变革是件痛苦的事,尤其是当他们的工作方式发生彻底的改变时。这样的人也许会给你所提出的变革计划造成巨大的阻力。抑或是你已经意识到直接下属疲于跟上一直处于加速发展的变革的步伐,而这正是当今的商业特点所在。也许你的员工已经被变革折磨得筋疲力尽,甚至于他们把每一次新的变革都看做是无能的老板所实行的又一阵管理风。

当然,由于整个商业局面都在以一种激烈的方式在发生变化,所以公司就更应该有所作为,而不仅仅是满足当前消费者的需求和应对当前竞争的压力。相反,公司必须高瞻远瞩,必须提前预见到酝酿已久的变革已经开始了。这就使得变革难上加难。

也许你已经发现,变革所面临的最大的挑战与成功并存:即使你的公司运营得很好,你也需要预见并作好充分准备来应对即将面对的新的挑战。否则,当所

有的挑战集聚到一起并突然降临到公司头上时,整个公司上下都会措手不及。然而,你的员工会对你所呼吁的变革作出这样的反应:"我们为什么要变革?我们公司运营得不是很好吗?"

进行变革所面临的诸多挑战是相当可怕的,但却一点也不奇怪,每三个变革尝试中,就有两个要破产。是的,这个数字是很严肃的。也许你会因此而这样想,"如果付出了那么多努力都没有使变革成功的话,那么对我的公司进行变革,其成功的可能性又有多大呢?"但是,如果你运用根本变革领导战略,如果你了解并能够克服变革过程中的主要障碍(包括自满情绪),而且能够在团队或单位内部就变革问题进行有效沟通的话,就能够增加你成功的几率。

本书中的几篇文章涉及到了这些变革领导领域中的每一个问题。下面的内容会帮助你预先了解文章的大概内容。

运用基本变革领导战略

尽管对公司进行变革是一个复杂的问题,但有些公司和部门确实能够在不断变化的商业形式下,频繁地进行自我调整,并能够迅速而成功地适应这种形式。最令人敬佩的是,它们能够保持,甚至是增强这种适应力。你应该如何确保公司实现领导变革呢？确定并应用这些根本变革战略来使你的公司成功地立于不败之地。这一部分的几篇文章描述了一些比较重要的战略，并教你如何去运用这些战略。

在第一篇文章，即"营造变革的气氛——调动执行团队和整个组织的积极性"中，商业作家凯瑟琳·凯恩（Katherine Kane）写道，一个有效的变革领导战略应该包括四个步骤：(1)用一个形象的标志来示意变革。一个管理者在一家零售店向该店的老板分发格尺来实施一项变革计划。该计划要求老板站在离顾客10英尺左右的地方，然后询问顾客的购买意向。(2)争取更多的支持者。站在你所领导的员工的角度来解释为什么要进行变革。比如，你可以告诉直接下属如何才能从变革中获益，并坦言变革所面临的困难。(3)部门上下齐心协力。确保你要求员工所采取的行动与组织所确定的新的发展方向相一致。(4)正视阻力。要使反对者感受到若不进行变革所造成的影响。一名警察专员要求其委托人在纽约坐30天的地铁，想通过这个具体的变革计划来获得第一手资料，看他一直立志要破的案子所涉及的范围到底有多大。

在"短期成功——变革计划的关键"这篇文章中，你会学到如何运用另外一个强有力的领导变革的技巧：要把变革初期所取得的点滴成功积累起来，创造并积蓄力量以便进行更大规模的变革。通过帮助你的员工获

得短期成功,你可以使他们明白变革不但是可能的,而且是值得的。你的组织能力也会因此而得到加强,从长远角度来说,这种组织能力对于进行持续的、更高一级的变革是必不可少的。作者提出了关于实现短期效益的几点建议。比如,把复杂的任务分成几个小部分,然后首先完成相对比较简单的部分。把全部精力都放在你所确定的、在相对较小的变革计划中所遇到的具体商业问题上。使员工有一种紧迫感,以使得他们能够全力以赴地去应对将要面临的诸多任务。

在接下来的一篇文章"如何实施重大变革"中,管理大师约翰·科特(John Kotter)重点强调了管理者要为其员工树立一个典范,表示他们已为变革作好了充分准备这一点的重要性。按照约翰·科特的观点,有太多的管理者对刚刚宣布的变革计划的态度是,要么悲观地放弃,要么简单地认为变革是件既容易又能迅速完成的事。如果你就是这样的管理者,那么你就要接受这样一个事实,即变革是非进行不可的,但也是非常困难的。只有这样,你才能为变革作好充分准备,并因此而起到表率作用。敞开心扉去学习更多有关变革方面的知识,以便能够在公司内部实行变革。同时,还要通过与你的上司交谈来弄清楚变革计划背后的想法,并把这种想法传递给你的员工,以保证大家都能朝着同一个目标努力奋斗。同时,为了消除员工对变革的敌对情绪,需将你们公司高层领导的计划进行整理,并拿出证据来证明最新的一次尝试与以往不同,它会使公司目前的状况朝着更好的方向发展。

汤姆·克拉登马克尔(Tom Krattenmarker)是斯沃斯莫尔(Swarthmore)学院新闻及情报专业的主任,在他的名为"通过肯定式探寻进行变革"的文章中,进一步强化了他的消除敌对情绪的观点。通过肯定式探寻这一步骤,你可以使你的员工把全部精力都放在进行变革的必要性和可能性上,并制订计划来确保变革取得成功,而不是只关注问题本身。为了鼓励肯定式探寻这一做法,你可以把你的员工召集到一起来讨论一下他们最大的成功,而不是讨论问题本身和相应的解决办法。让他们来描述一下自己眼中最理想的部门和团队应该是什么样的。然后让他们来确定达到这种理想目标的共同主题。让他们来设想一下团队在将来所能达到的最辉煌的阶段应该是什么样的。最后,从那一辉煌的阶段向后做起,来帮助他们确定实现这个理想目标所用的几个阶段和所需的资源。克拉登马克尔写道:"人们谈论他们公司的方式会使其行为内化,进而作出相应的反应。"肯定式探寻可以创造出巨大的积极能量,这种积极的能量能够使公司顺利地实行变革。

在这一部分的最后两篇文章中,平衡记分卡(Balanced Scorecard Collaborative)的战略专家罗伯特·S.卡普兰(Robert S. Kaplan)和戴维·P.诺顿(David P.

Norton)认为,除非管理者所实施的变革能够为其公司创造出巨大的价值,否则公司的整体战略就毫无意义。为了使变革得以实现,管理者必须以四种形式进行"组织资本"投资:文化、领导力、一致性和协作精神。在前一篇文章"组织资本——支持能够保证战略实施的变革日程"中,重点讨论了文化这一部分。按照卡普兰和诺顿的观点,你必须确保公司所有的员工都意识到并内化实施公司战略所需的使命、观点和核心价值准则,这有助于在团队或组织内部建立起一种文化,即已经为变革作好了一切准备。作者建议确定一种有助于实施变革战略所需的文化特点,比如,"以顾客为中心"、"不断改进"、"冒险"或是"团队协作"等等,并建议通过员工调查来衡量当前的文化价值准则。他们同时指出,一个公司的不同部门需要有不同的文化,这样才能更好地支持公司的战略。因此,问问你自己,你的部门或者团队需要什么样的文化来帮助实现公司的发展战略。

在后一篇文章"组织资本——领导力、一致性和协作精神"中,介绍了其余三种形式的组织资本。像文化一样,卡普兰和诺顿也同样给每一种形式提出了具体的建议。比如,关于领导力,你需要规范直接下属所表现出的态度和行为。关于一致性,你可以帮助你的员工了解他们个人的角色会在多大程度上影响公司的整体战略。关于协作精神(作者也称其为知识共享),你可以鼓励他们把自己的想法和已有的知识记录下来。在强化团队协作意识的同时,你要使其他部门的员工很乐意地对这些知识进行加工并将其运用到他们各自的工作中去以获取更大的进步。

清除变革过程中的主要障碍

除了运用有效的领导变革战略外,你还需要熟悉并排除变革过程中常见的主要障碍。排除这些障碍需要运用一些特殊的方法,这些特殊的方法是专门为变革所付出的努力而特别采用的。这一部分中的几篇文章对这些障碍进行了描述并提出了排除这些障碍所需的方法。

商业作家劳伦·凯勒·约翰逊(Lauren Keller Johnson)在开篇写了一篇名为"反思埃里克·亚伯拉罕森的管理经验——更好的重组之路"的文章。正如亚伯拉罕森在采访后写的一篇文章中所描述的那样,努力使变革取得成功所面临的最大障碍之一就是这样一种倾向,即管理者和高层决策者同时进行**太多**的变革。如果你太过热衷于变革,就会"引起一些令人极其痛苦的事情发生,如计划过多就会导致混乱,进而导致员工疲惫不堪。为了扭转这种恶性循环的局面,……我们必须改变变革的方式"。亚伯拉罕森建议改变以往那种创造性的破坏,对公司现有的资产进

行改造和重组,包括人员、结构、文化、流程以及网络,以便能够进行更快、更节俭、无痛苦、可持续的变革。比如,在韦斯特兰直升机公司(Westland Helicopters)经过了太多的变革后,其管理者把公司内部软件部门的一种有效的产品开发模式改用到直升机的生产上,因而把产品的设计成本降到了最低限度。同时他们还从另外一个部门购买了一项该部门长期使用的产品计划,并按照顾客的要求制造了一架性能极高的改装的直升机。

在"如何克服'变革疲劳症'"这篇文章中,商业作家尼克·摩根(Nick Morgan)密切关注着这样一个问题,即当公司的高层领导强制进行一次大规模的、自上而下的变革时,采用什么样的办法来帮助员工克服其所遭受的变革疲劳症。为了避免在你的团队或部门里出现变革疲劳症,我们提倡"自下而上"的变革战略。摩根给我们列举了一个例子:在巴西的一家名为Semco的加工公司里,"员工自己选择工作、职位以及工作的地点和工作的时间,甚至是工资"。管理者每年进行两次360度的业绩评估,并以此来确定变革的必要性。领导是由下属选出来的,既然几乎所有的领导"都来自于公司内部,那么就不会出现这种情况:即外面来的领导为了树立一个良好的形象而强行进行激烈的变革"。而且,"首席执行官的职位也处于不断变化之中:每年有四个人定期轮流换岗"。一句话,在Semco,变革是公司每一个员工的责任而不是高层领导的责任。因此，员工对变革都会有一种强烈的归属感，这样一来就可以抵消这种变革疲劳症。

在"不只是为了幸存"这篇文章中，莎伦·德鲁·摩根（Sharon Drew Morgan）顾问把谈论的重心由变革疲劳转向了对变革的恐惧和变革所面临的阻力上。这是一次努力使变革取得成功所面临的又一主要障碍。如何帮助员工消除对变革的恐惧并减少变革所遇到的阻力，进而能够在变革后过上更好的生活？摩根建议运用问题法来解决变革过程中所出现的各种不确定性。比如，问一问员工目前的变革在多大程度上影响他们的生活和工作环境？在进行必要的变革过程中，他们要你为他们做些什么？问问他们必须要掌握什么样的本领和具备什么样的实力？以及在他们的工作环境中，当变革面临危机时，他们如何才能意识到危机的警示？等等。通过向整个团队提出这样的问题并共同讨论大家所给出的答案，你就能够确保每一个人都能受到关注、得到倾听并能参与其中。正如摩根所说的："把大家放在同一位置，形式就会有所好转，变革也会进行得更加顺利。"

作为变革过程中的另一个主要障碍，你们公司需要进行适当的调整：一方面要增加收益，另一方面要增强员工处理和解决不断出现的新问题的能力。这一部分的另一篇文章"如何对变革管理的方式进行变革"，

正好验证了这一主题。哈佛商学院的教授迈克尔·比尔(Michael Beer)和尼汀·诺瑞亚(Nitin Nohria)运用"E 理论"(为提高经济价值而进行的变革)和"O 理论"(为增强员工组织能力而进行的变革)这两个术语来描述了这一两难问题的两个方面。每一种变革都有其自身的优点。比如,E 理论的变革领导者会迅速地带来经济效益,而 O 理论的领导者则会在整个组织机构内部建立长期的适应性。不要只是关注其中任何一种类型的变革,你需要把二者进行最佳的组合才能使变革获得巨大的成功。

　　这一部分的最后一篇文章阐述了在当今社会越来越多的管理者所面临的挑战:如何在不得不变革之前就能够预见并提前实施变革。在"变革审查——一个用来监测公司面临的最大挑战的全新工具"这篇文章中,商业作家里拉·博思(Lila Booth)建议通过变革审查来增强部门或团队的预见性并作好长期变革准备的能力。在实行每一项变革计划之前、过程当中或是之后,都要进行变革审查。比如,在变革之前,要分析以前你们团队或部门对于变革的反应,以此来确定在即将到来的变革过程当中你想要避免的一些变革模式。在变革的过程中,初步估计一下所遇到的压力,并制定一个实施变革以及一系列行为标准的日程表。在变革之后,要问一问"哪些方面做得好,哪些方面做得不好?"和"接下来要怎么做?"

未雨绸缪的变革

在阻碍变革成功的诸多因素中，在公司或部门内部强行进行变革被证明是最危险的一个因素。如果在变革时，不用"火烧眉毛"来营造一种紧迫感，那么你的员工也许会问，他们为什么要费这么大的力气来改变他们原来的工作方式？毕竟，公司、各个分支机构还有整个团队运营得都还不错，也没有看到有任何危机出现。但是如果管理者要靠危机来推动变革的话，那么他就可能会冒这样一种危险，即当危机真正到来的时候，他们的团队或部门将束手无策。这一部分的几篇文章会建议你如何在你的公司或单位缺乏紧迫感的情况下实行变革。

在"公司被成功禁锢了吗？"这篇文章中，商业作家洛伦·加里（Loren Gary）给我们指出了许多技巧，你可以运用这些技巧来使你们公司或单位在运营良好的情况下，帮助你与变革阻力作斗争。比如，消除自满情绪、创立一些新的组织结构，以使员工能够为变革作出更加充分的准备。一个公司的管理者可以把公司产品开发的过程改为"跨部门工作团队，该团队可以为开发一种新产品而临时组建到一起，通力合作来开发一个项目，之后便解散"。同样，"他们也可以买一些新的带

轮子的办公设备，以便员工能够把办公桌和文件从一个组推到另外一个组"。这些新的组织结构会增加灵活性和适应性，而这种灵活性和适应性恰恰是为进行持续变革作好充分准备所必需的品质，即使是在没有必要立即进行变革的情况下也是如此。

在"反思理查德·科佩尔的管理经验——没有紧迫感的变革"一文中，劳伦·凯勒·约翰逊描述了GTECH公司，即一家彩票网络公司的研发部副总是如何在没有任何危机的情况下进行变革的。科佩尔意识到，即便是一家经营得相当不错的公司，如果不开始运用较新的、基于网络上的技术，那么它最终也会被社会所淘汰。即便如此，他还是遭遇了来自机构内部的工程师们对这一变革想法的强烈反对。为了克服这种阻力，他运用了五项原则，而这五项原则是任何一个管理者都能付诸实践的：(1)不断地对商业案件进行变革；(2)显示出你对变革的坚定决心，即便是意味着让反对变革者离开；(3)告诉他们想要达到的预期效果，但要让你的员工决定如何达到那样的目标；(4)敢于承认错误；(5)向他们详细解释不变革所造成的后果。

这一部分的最后一篇文章是由商业作家贝蒂·A.马顿（Betty A. Marton）所写的"坚持到底——福特公司利用沟通实现变革"。这篇文章会告诉我们另外一家公司是如何在没有紧迫感的情况下进行变革的。当时，福特公司发起了一次大规模的变革计划，该计划旨在将其世界各地的公司进行一体化和一元化管理,该变革计划使得整个商业局面处于十分活跃的状态。但是,"一个较为明显的趋势是不可避免地造成了竞争力下降的问题,除非公司进行大幅度调整"。福特公司交流服务部的经理迅速把消息散布出去,使大家了解变革的重要性。在这一方面,他起了相当大的作用。马顿写道:"公司机构内部的沟通团队连续制作出大量的印刷品、录像和电子媒介,所有这些都会给员工提供他们所需要的信息,无论是好的信息还是坏的信息,而不要等到他们从外部获取这些信息。"

福特的管理者们也很推崇"向上"和"向下"沟通。比如,高级主管要经常和其他员工进行跨部门信息交流。他们还运用一些技巧源源不断地将有关变革方面的信息传达到世界各地的员工那里,只要福特在那里有生产基地,那里的员工就一定会收到有关变革的信息。所有这些努力都会带来巨大的收益,既可以是降低成本的形式,也可以是增加生产力、提高利润、提高股东价值或是市场资本化等其他多种形式。

变革的有效沟通

正如福特公司的经历一样,有效的沟通是管理者寻求成功变革的关键所在。如何增强你的沟通能力,

以及如何才能把信息传达给你的员工,使他们意识到变革的重要性？这一部分中的几篇文章为你提供了几个有价值的准则。

在"变革沟通——来自专家的12条建议"这篇文章中,商业作家丽贝卡·M.桑德斯(Rebecca M. Saunders)从顶尖级变革理论专家那里提炼出12种变革沟通战略。这里有其中几种战略的概括形式:(1)使变革所希望达到的目标具体化;(2)解释公司变革背后的商业原因;(3)让你的员工了解变革所涉及到的范围;(4)不断地重复变革的目的和所要采取的行动;(5)用图表来简化公司的重组。

哈佛商学院出版社业务通迅的编辑安吉莉亚·赫林(Angelia Herrin),在她所写的"你作好顶线收益增长的准备了,员工呢？"这篇文章中,从一个不同的角度检验了变革沟通战略的重要性。在这篇文章中,赫林重点强调了在变革的不同阶段,运用不同的沟通战略的重要性。比如,当你首次提出单位或公司需要变革这一想法时,"先把问题摆出来","尽可能在每一次会上都谈论进行变革的原因,以及如果无法解决该问题所要付出的代价"。然后,当你的部门或公司"处在新旧交替阶段"的时候,你要极力表现出你个人很愿意冒一些风险的态度。当你的单位或公司已经成功过渡到"新的开始阶段"时,你一定要保证言行一致。比如,"不要一方面极力鼓吹团队协作精神,而另一方面又公然表扬个人奉献精神"。

在"反思霍华德·加德纳的管理经验——变革思维的战略"这篇文章中,劳伦·凯勒·约翰逊(Lauren Keller Johnson)列举了哈佛商学院教育系的一名教授加德纳的几个比较有益的建议。在加德纳看来,用多种形式来传达变革所要达到的预期目标会收到最佳的效果。这些形式包括故事、数字信息、图片、图表、隐喻以及类推等。运用多种形式有什么好处呢?通过运用多种形式来描绘预期的目标,能使员工更容易理解你的想法,这一点正是迈出变革第一步所必需的。

在最后一篇文章中,斯蒂弗·罗宾斯(Stever Robbins)顾问的"将沟通作为变革的工具"则把故事的主题作为传达变革的一个强有力的工具。罗宾斯解释道,强迫的行为有助于激发员工参与变革的积极性,同时也有助于激发员工从长远角度来展望你们部门或公司的未来。最有效的办法就是使所有的员工都能"接收到即时的信息"。比如,一个采购经理一直试图节约成本,但却没有成功。有一次他"悄悄地举行了一次工作手套展销会。所有这些工作手套都是由他在全国各地的经理以不同的价格从小贩那里购买的。他把所有的手套都堆放在桌子上,其中有许多仿制品。然后他邀请经理们进去看一下。他们很快就明白了问题的原因所在"。

尽管实行变革对于任何一个管理者来说都是很困

难的,但你可以通过运用书中所给出的价值准则来增加成功的几率。当你阅读此书时,记住下面的问题:

➢ 哪两三个根本变革领导战略最有助于本部门或公司实行变革?

➢ 变革的最大障碍是什么?采取什么战略才能排除这些障碍?

➢ 如果公司目前运营得非常成功,那么如何才能使员工牢记为变革作好充分准备以使我们能够不断获得成功的重要性呢?

➢ 一般情况下,我应该如何向直接下属来传达有关变革的消息呢?通过什么方式才能使沟通更加有效呢?

第一部分 运用基本变革领导战略

最成功的变革领导者会运用最基本的战略来使他们的公司在处于一直加速变革的情况下迅速适应新局面。这一部分中的几篇文章会教你如何在公司内部运用同样的战略达到同等的效果。

比如,你会发现运用短期成功来创造并积蓄力量以备进行更大规模变革的魅力所在。你将知道如何给你的员工做出榜样,表示你已经为变革作好了充分的准备。通过询问有多大的可能性,而不是存在的问题是什么,你还会知道如何帮助团队或公司确定一个令大家都信服的变革方向,并制订出实现这一目标的计划。你还会知道如何运用有效的方法论,即平衡记分卡,来营造一种合适的文化氛围,建立起一种团队协作精神,并以此来获得你们单位或公司对变革的大力支持。

1. 营造变革的气氛 调动执行团队和整个组织的积极性

凯瑟琳·凯恩

1. 营造变革的气氛
——调动执行团队和整个组织的积极性

凯瑟琳·凯恩

进行变革归根结底就是人的问题。变革就意味着要有动机，要有有影响的行为，要打破旧有的习惯并破除陈旧的观念，要营造一个新的氛围，这个氛围必须是乐于接受新鲜事物的氛围。杰伊·康格（Jay Conger）认为，世界上最杰出的领导和管理公司的方法之一，同时也是变革尝试中最关键的因素之一，就是领导者本身。然而令人感到惊讶的是，调查结果却表明，大多数员工认为高层领导在组织机构变革的过程中并没有发挥其应有的作用。康格把实施变革的方法具体概括为四个维度。他建议这四个维度要在实施变革的前期阶段使用。

杰伊·康格认为，领导层所面临的挑战是秘密的，也是个人的。他是南加利福尼亚大学效率研究所的一名研究者和以下几本书的作者和合作者，其作品有《培养你们公司的领导：成功的公司如何运用一系列管理办法来保持竞争优势》(*Growing Your Company's Leaders：How Great Organizations Use Succession Management to Sustain Competitive Advantage*)、《运用公司板报：实现高层价值的一种新战略》(*Corporate Boards：New Strategies for Adding Vaule at the Top*)和《把他们争取过来：在开始说服阶段运用的一种新的管理模式》(*Winning 'Em Over：A New Model for Managing in the Age of Persuasion*)。康格研究了从陶氏化学公司(Dow Chemical)到丰田的许多家公司。康格认为，领导者是成功实施变革的最重要基础。然而调查结果却表明，很多员工认为他们的首席执行官或是高层机构并没有为公司进行有效的、持续的变革，起到他们应有的作用。

有效的领导者承认其组织变革过程中所面临的挑战，并能够从容应对这些挑战。他们也意识到进行变革尝试是很危险的；正如马基亚维里(Machiavell)的《君主论》(*The Prince*)一书所写的那样，变革领导者身后留下的是一大群敌人，他们独自承受着其他人的冷漠态度。康格主张用这样的方法进行变革，该方法建立在以下四个维度基础之上：示意变革、争取更多的支持者、使整个组织上下一心以及正视阻力。这些概念与平衡记分卡和战略型组织中的理论是平行的（动员、解释、团结、调动和管理）。康格认为这些概念绝不是相对独立的，而是在实施变革的初期阶段就应该得到

充分考虑的。但是,他警告说,变革尝试绝非易事。

变革说起来容易做起来难,康格解释道,因为人们从本性的角度来说,就是对未知的事物或不熟悉的事物心存抗拒。无论存在多少隐患,我们都愿意维持现状。优秀的领导者会重新改组;他们不会被成功蒙住眼睛,而是会把隐藏在成功背后的深层次的问题挖掘出来;他们为了能让我们将来的工作更轻松而为我们付出更多。因为事实上,即便是最好的领导也不可能预见到变革过程中所面临的所有障碍,总会出现一些无法预料的障碍。灵活变通是扫清变革过程中所有障碍的关键。

大英百科全书公司(The Encyclopedia Britannica Company)近乎于破产,这正是由于高层领导没有意识到变革将至的重要性,因而没有迅速作出反应所导致的直接后果。这个例子除了被写进教科书外也别无它用。大英百科全书公司连续两百多年都是该行业的领头羊,它面临着一场技术革命,这场技术革命能使该公司保持领先地位。随着20世纪80年代CD-ROM时代的到来,公司高层领导们也在犹豫是否要采用,或者要在多大程度上采用这项新的技术。他们担心CD-ROM便宜的价格会影响其传统产品的销路(时至今日,这些传统产品也会卖到1 400美元)。尽管该公司早在1981年就通过使其不列颠的名字成为网上第一个百科全书公司(通过Lexus Nexus),并于20世纪80

年代末期在 CD-ROM 上发布了《康普敦多媒体百科全书》(Compton's MultiMedia Encyclopedia) 而显示出其要成为电子出版业率先革命的第一人。但是直到 1994 年，它才把其王牌百科全书制作成 CD-ROM 格式。而此时，《微软英卡特百科全书》(Microsoft's Encarta) 已经上市了。当时，公司的高层领导并不认为源于《丰克-瓦格纳尔百科全书》(Funk Wagnalls Encyclopedia)、只售 50 美元的《英卡特百科全书》会给自己带来什么竞争压力；他们也根本没有意识到，事实上，他们的竞争压力来自于计算机。当不列颠公司的领导层还在继续讨论要通过什么样的市场战略来实现其从直接销售硬皮纸质图书到电子版与印刷版同步销售这种过渡时，他们就已经错失了非常宝贵的时机。尽管领导层已经意识到有必要进行技术变革，但他们却没能迅速对变革作出反应，这让他们付出了沉痛的代价。微软连续五年都保持百科全书销量第一，而大英百科全书公司则一直在夹缝中生存。

康格会时常这样提醒：将来已经到来了，问题是你还没有意识到。大英百科全书公司有史以来都是一家搞销售的公司，但一些高层领导却不懂得用相对低得多的价格来卖 CD-ROM，而不是卖他们那些封面包装精美的纸质图书。高层领导要面临许许多多有关公司战略的变革和彻底变革的威胁。康格回忆起彼得·德鲁克 (Peter Druker) 曾经说过的一句话："领导的艺术就是学会放弃的艺术。"有效的变革领导者知道什么时候该放弃过时的商业模式,并采用一种全新的模式向前迈进。

示意变革并表示出对变革的重视

为了能够营造一种友好的变革气氛,高层领导首先必须创造几个重要的时刻来示意变革。变革领导者必须准确地呈现出他的变革计划,以便能和大家产生共鸣,只有这样他们才更有可能战胜旧的体制并进一步实施他们的新计划。Asda 公司就是一个很好的例子。该公司知道如何创造一个重要的时刻来对其公司的文化进行变革。这家英国的零售连锁店(类似于美国的山姆俱乐部和沃尔玛)一直以来都要求其店主在商店时要穿夹克衫。一位变革领导者认为这样一来就会使店主与顾客之间产生距离。于是,他把公司所有的经理召集到一起开了一个小组会议,并让他们脱掉夹克衫。然后,他给每一位经理发了一个衣服挂钩,上面写着:"不准穿夹克衫!"同时,他还给他们每人一把尺子并解释了一个新的规则:即 10 英尺范围内,他们就必须了解顾客的购买意向。这种管理上的变革和战略上的改变,即通过改变内部规则来变革文化,使公司发生了翻天覆地的变化。通过给经理们衣服挂钩和尺子，就给了他们一种提示，即新的经营模式已经开始了。

争取更多的支持者

康格指出，如果说企业家有机会来学习一种艺术，即如何说服别人的艺术，那么现在就是时候了。过去那种高层领导靠发号施令来进行管理和控制员工的时代已经一去不复返了。现代企业多半是靠跨部门团队来经营；整个行业也都是由生育高峰期出生的人以及他们的后代所组成，他们丝毫不会忍受那种毋庸置疑的权威。进行说教是扩大变革计划所涉及的范围并确保其顺利实施的一个有效方法。康格建议争取支持者或吸引人们来共同实现一个目标。

> 高层领导者靠发号施令来进行管理和控制员工的时代一去不复返了。进行说教是扩大变革计划所涉及的范围并保证其顺利实施的一个有效方法。

康格认为若想得到支持，最好是采取一种"从小处着手"的战略，即实行自下而上的变革战略。领导者必

须首先做出表率，即要尽力来达到实施一项变革战略的目的。同时，还要做好一线员工的工作，毕竟他们都来自于一线，其中包括处理顾客的投诉或直接向顾客提供服务。接着就要说明公司朝哪个方向发展，以及为什么要朝这个方向发展，这一点是非常关键的。为了获得支持，要从被领导者的角度出发来解释变革的原因，而不是从高层领导的角度出发，这一点也十分重要。也许工程师们不知道也不关心股东们的所作所为。变革的领导者需要说教，说教也需要有相关的素材。领导们必须坦言变革需要付出什么样的代价；以及从长远角度来说，变革意味着什么；如果不变革的话会带来什么样的后果；采用什么样的工具，运用什么样的资源才能使变革更容易进行。如果想要公司的员工都接受这种新的理念，就必须把这些问题说清楚。

使整个组织上下一心

当领导者试图动员员工实行变革时，至关重要的一点就是使整个组织上下一心，上到董事会下到负责最基层工作的一线工人。领导要用既简单又容易记的联合原则，即"必须要做"的原则。最好的领导者善于策略地运用这些原则来使整个公司上下一心。比如，通用电气公司的杰克·韦尔奇(Jack Welch)想出了一个既简单又容易记的战略,叫做"必须要做":即要使本公司成为该行业的第一或第二名。这一战略,即"必须要做"战略被丽兹酒店(Ritz-Carlton)用在前台作为其员工工作的准则,即:"等电话铃响第三声时,再面带微笑地接起电话"。有了愿景和团结一致的"必须要做"之后,当变革领导者进行每一个新的尝试时,都需要有方法论的支持。比如六西格玛(Six Sigma)改进的方法。在实行每一个新的、相对独立的计划评优时,要评选个人而不是委员会,这会使公司的每一个成员都会有一种归属感,并使他们感觉到所发生的一切完全在控制范围之内。最后,变革过程中一定要有新的标准出台,要有激励制度,还要有重要的里程碑事件,只有这样才能加大变革的力度。

正视阻力

最后,领导者必须要正视阻力。也许这是所有变革者所面临的最大挑战。面对反对者最有效的办法,就是把他们放在一个能让他们亲身感受到问题的位置。比尔·布拉顿(Bill Bratton)是纽约和波士顿的前任警察特派员,为了能够让大家同意变革,并让他们能真正明白纽约地铁系统犯罪案的真实情况,他要求他们必须坐30天的地铁。这一做法使他们目睹了大量小的犯罪行为，从而使他们对每天都因坐地铁而感到焦虑的人们深表同情。事实是毋庸置疑的，警察亲自去解决问题。他们只用了 6 个月的时间就使得交通体制变得安全多了，而且犯罪率也明显下降了许多。

康格还以康柏和戴尔为例进一步说明了变革的反对者是如何反对变革的。戴尔通过运用直销的形式使其在 20 世纪 90 年代初期就已经成为行业的领头羊。而康柏在建立了强有力的零售业销售渠道之后，试图努力赶上。最终康柏也确实开通了直销渠道，但却没有哪个领导愿意率先承担这一重任。大家都害怕"捣乱"，没有人愿意冒这个险来打破已建立起来的权利的均衡，也没有人愿意失去现有的客源。结果康柏被戴尔远远地甩在了后面。

对任何组织机构进行变革都不是件容易的事，反对者无处不在。即使是在高层领导之间也会有特别激烈的争论，即许多高层领导不愿放弃他们已有的权力和舒适的工作环境。对于任何一次成功的变革来说，都必须保证沟通渠道的畅通，以使得阻力更加透明，这也有助于领导者随时介入并进行调节。这一点是至关重要的。康格解释说，变革家就像是灯塔，他们给我们指明方向，他们既是导航者也是危险的警示者。变革的灯塔必须每周 7 天、每天 24 小时都保证百分之百的警惕。

2. 短期成功 变革计划的关键

2. 短期成功
——变革计划的关键

你已经为公司的变革计划努力了一年。这一年的计划旨在加速变革的向前发展,并使公司以顾客的需求为着眼点。除了极少数玩世不恭者之外,似乎多数人都已经作好了充分的准备。为使变革计划得以启动并顺利实施,你熬过了无数个不眠之夜。之后,也许你会觉得该稍微休息一下了。但是一位资深的副总裁却没有就此放松。相反,他实行了一个为期六个月的计划,旨在把其原来的成本降低三分之一。

他知道,但你却不知道的是什么呢?是短期成功的价值所在。

即使你已经采取了非常得当的措施,也因此而获得了员工对整个变革计划的支持,你也必须使他们坚信一点,那就是新的计划和发展方向一定会带来相应的回报。问题是,一个大规模的变革尝试要花上几年的时间,因此大家感到迷茫的时候还在后头呢。这就是为什么要提高短期绩效的最主要的原因;这些提高短期绩效的行为可以证明努力进行变革所带来的效益会比那种古老的经营模式大得多。短期成功有助于消除经常伴随变革而产生的恐惧和不确定性。

你几乎可以随时进行短期变革。比如，当摩根银行缩微胶卷部门的经理得知她们单位即将和外面的小贩平等竞争时，她立即制订了一个改善服务质量的计划，该计划对已有的顾客来说是很重要的，而且也比较容易迅速完成：即一天24小时不间断地满足银行股票过户部门的要求。这位经理以前也没有进行改善服务质量计划的相关经验，但她居然仅用了五周的时间就成功地达到了目标，她的自信心也因此而大增。员工们也因此而不断地支持她后来所发起的一个又一个变革尝试。

但是你或许对短期变革的细节不是很清楚。提高绩效除了要行之有效外，还必须具备以下几个特征：

➤ 要清楚明了。即人们很容易就能意识到该绩效的真实性。重点关注那些影响较大或清晰度较高的计划，这样的计划获得成功的几率最大。这正是联合信号公司（Allied Signal）的首席执行官拉里·博西迪（Larry Bossidy）在运用他的六西格玛质量提高计划中所做的。正如他在一本名为《从高层领导得到的经验教训》（Lesson from the Top）[这本书是由托马斯·J.纳夫（Thomas J. Neff）和詹姆斯·M.西特林（James M. Citrin）合写的，马上就要出版了]的书

中所解释的那样,"我们从制造业入手,因为我们认为我们可以从那里获益最多"。

➢ 要迅速。即在6~18个月之内就能提高绩效。但是,不要因为要迅速产生无可置疑的结果而有压力,否则这种压力会产生适得其反的效果,甚至会使你放弃变革计划。比如通过做假账,或是编造假的计划来获得短期成功,这只能使变革变得更加混乱,却没有创造出任何有实际意义的东西。这种伎俩通常只会产生事与愿违的效果,只能给变革带来更大的阻力。

➢ 要与变革计划密切相关。的确,美元贬值确实会对你们公司的出口销售大有裨益,但你却不能让人们认可你努力变革所取得的成绩。相比之下,当通用电气公司在公司内部进行一个测试来提高其为顾客服务的能力时,照明部门就开始与货车运输公司协作一起来提前计划出为特殊的客户群体进行定期送货的时间。

打好基础

短期成功不会自动产生。首先,你必须做一些必要的准备工作,然后再进行策划并监督实施。比如,以约翰·科特的那种被广为接受的模式为例,短期成功是八个阶段中的第六个阶段。

在开始阶段，整个组织上下对变革持一种反对的态度是很自然的事儿：变革计划的领导者要在整个组织内部制造一种紧迫感；利用一个引导联盟监督这项长期而复杂的任务；要把与清晰的、高度协调的战略计划相联系的，大家都很关注的好想法尽可能地传递到公司的每一个角落。然后就逐一消除公司的障碍：包括那些责任不明、资源利用不合理的机构，与新方法脱节的培训和业绩评估体系，没有面向市场和面对竞争现实的管理信息体系等等。那些个别反对变革的领导需要正视的问题是：他们想要什么？想什么时候要？所有这一切都必须弄清楚。在做完所有的准备工作之后，就进入确定并产生短期成功的阶段了。

管理而非领导

领导变革包括确定方向，联合大家一起为一个共同的目标而努力，以及鼓励他们努力实现这个目标。相比之下，管理则需要有秩序并有连贯性，它包括计划、预算以及监督。科特断言，一项成功的变革70%~90%需要靠领导，而只有10%~30%才靠管理。但是短期成功则正好相反，即领导要让位于管理。以下这几条建议可以帮助你实现你为公司所制订的那两三个计划。

1. 要使"计划、预算、监督"成为你每天生活的一部分

把复杂的任务分成较小的部分，然后首先解决相对较简单的部分，你一定要妥善处理好必要的预算、组织安排和职工安置等问题。一定要准确地估计并记录每一阶段所取得的成绩，如果等到该计划实施结束后再记录的话就会比较困难。

2. 要大力宣传所取得的成绩

一味地关注体制、结构、过程、行为和态度等问题，即迈克尔·比尔（Michael Beer）、拉塞尔·A.艾森史泰特（Russell A. Eisenstat）和伯特·斯佩克特（Bert Spector）所称的"纲领性的变革方法"是不可取的。相反，应把注意力全部放在变革计划所存在的具体商业问题上。

3. 保持住员工的自制力

未来就是现在，要做好手头的工作，用一种紧迫感来作为保持均衡发展的工具。罗纳德·海菲兹（Ronald A. Heifetz）在他的《火线领导》（Leadership without Easy Answers）中写道：一定程度的紧迫感可以起到激励的作用，但过多的紧迫感就会起到削弱的作用。1992年，西尔斯百货公司的首席执行官阿瑟·马丁内兹（Arthur Martinez）发起了几项很有抱负的计划，即通过树立紧迫感来进行一场大规模的、旷日持久的变革，旨在给其公司的零售业以新生的力量。马丁内兹声称，西尔斯百货公司只用了两年的时间就使其零售业的经营利润翻了四番，而且顾客的满意度也增加了15个百分点。这就是所谓的起到了激励的作用，而不是削弱的作用：该公司从中获益匪浅。

这些提高绩效的行为所带来的好处远不止这些较明显的短期成功所带来的好处，还有许多长期的、战略上的效果。科特认为，如果在变革计划开始实施后的14个月和26个月就能获得短期成功的话，那就说明该计划成功的可能性会很大。从这些早期计划中得到的经验数据有助于高层管理者改进他们的战略和重新修改变革日程，进而减少了变革计划下一个阶段所面临的问题。而且，短期成功计划也有利于增强组织能力，这种组织能力可以产生持续的高效率。

许多变革计划之所以没有成功，原因就在于管理者认为你不可能在进行重大变革的同时获得非常明显的短期成功。这种想法早已过时，实际上，这两者是相得益彰的。

参考阅读

"Why Change Programs Don't Produce Change" by Michael Beer, Russell A. Eisenstat, and Bert Spector (*Harvard Business Review*, May-June 1991).

Leading Change by John P. Kotter (1996, Harvard Business School Press).

Leadership Without Easy Answers by Ronald A. Heifetz (1994, Belknap/Harvard University Press).

Results-Based Leadership: How Leaders Build the Business and Improve the Bottom Line by Dave Ulrich, Jack Zenger, and Norman Smallwood (1999, Harvard Business School Press).

Lessons from the Top: The Search for America's Best Business Leaders by Thomas J. Neff and James M. Citrin (1999, Doubleday).

3. 如何实施重大变革　约翰·科特访谈录

3. 如何实施重大变革
——约翰·科特访谈录

约翰·科特(John P. Kotter)于1995年写了一篇题为"领导变革"(Leading Change)的文章,这篇文章迅速荣登哈佛商学院最受欢迎文章之榜首:在这一持续变革的时代,这一点也不奇怪。不久以后,这位前哈佛商学院的松下领导学研究教授就出版了一本这方面的书。在采访的过程中,我们让他稍稍变换一下角度,不要只从领导者的角度出发,而是要从被领导者的角度出发,来讲解重大的变革计划。

假设你是一个公司的经理,但不是高层经理。突然有一天宣布要进行一次重大变革,你将如何作出反应?

即使是一位优秀的、本意良好的人也很容易作出错误的反应。也许是因为你一开始就很悲观,或者是一开始就给自己设置了许多障碍,这对你不利。我们大家必须学习更多有关根本变革的知识；必须努力获得事业的成功；必须帮助公司获得发展；必须有助于社会的发展。偏离这一目标的做法是不可取的，因为如果那样的话，我们即将面临更多的问题。也许10年之后叫法会有所不同，也许我们不再叫做企业重组，但这种基本的现象不但会持续下去，而且其势头只会有增无减，因为有强有力的宏观经济力量在起作用。

　　与第一个观点刚好相反的另外一个错误观点就是天真地说："哦，太好了！现在我们终于要改变现状了。"之所以说天真是因为你认为那不会太难，不会花上太长时间，也不需要太多有技术的人。所以你立即投身其中，企图一股作气，用最快的速度完成，结果以彻底失败而告终。如果你太过天真的话，你就会被那些不想进行任何变革的政治力量所欺骗；他们巴不得你整个计划破产，也很乐意看到你的失败。

　　那你到底应该持一种什么样的态度呢？你越是认为这没有什么反常的，越是认为在公司内部进行的这些重大变革并不是高层领导追逐个人名利的行为，而是更大的系统的力量，你就越倾向于认为"我们的日子必须一天一个新台阶"。你就会试着去学习如何变得更加熟练，更具洞察力，并成为一名真正有能力的变革领导者。像其他许多复杂的技能一样，这根本就不是待在工厂里两天就能学会的。你应该更多地从工作中学习,通过反复尝试,经过屡次失败后才能学到。你应该停下来问问自己,"我如何才能更好地学习?"向榜样学习吗?然后对周围的环境进行调查研究,看你是否能够发现曾经在公司内部进行的、曾经取得过良好效果的重大变革,然后试着去发现大体上处于与你位置相同的那些人是如何应对这种情况的。他们曾经犯了什么样的错误?他们作出过哪些正确的选择?

那些没有站在高层领导的位置来领导变革的人,本身还需要成为变革的领导者吗?

如果在一个单位内部进行两三项重大变革的话,即使是中层干部也要积极参与进来,而不要单纯成为某个大领导的被动追随者。他们应该带领其员工,哪怕只有五个员工,也要对其进行重组,来为这一小的行动制定并实施一个全新的战略。进行变革,原本只是杰克·韦尔奇的职责,而现在却逐渐成了中层领导的中心职责所在,而且也是其事业取得成功的关键所在。

当首次听到宣布变革计划时,你应该关注什么?

如果你有一个更高、更真实的愿景的话,那么头脑越冷静，你的日子就越好过。这不是战略的问题；人们之所以感到振奋是因为他们没有那种愿景。因此，他们认为他们在努力做些有用的事儿，但事实上，他们正在以偏离目标30度角的方向前进。

该如何使愿景更加清晰？

你应该四处做说服工作。你应该试着弄清楚能够使你应付自如的不是一个人，而是一个什么样的群体，这个群体有可能会在这条信息或某个信息方面有他们自己的态度，而你对此却全然不知。有的人和老板的关系非常好，甚至于他们可以坐下来，然后说："我可以在这一问题上全力以赴地帮助你。我对整个目标看得越清楚，我就越能更好地帮助你。让我告诉你到目前为止我所听到的，然后你来纠正我。"多数人都无法做到这一点，他们和老板的关系没有走得那么近。那么老板就不得不从其他方面入手，比如说，可以走近那些对于所发生的一切都有所了解的同事中间去。

有多少变革尝试能真正起作用呢？

这是一个连续的统一体，而不是间断的。如果你运用一种比较老套的A、B、C、D的方式来给这些尝试

打分的话，如果一个公平的评判委员会给所有的尝试中的10％打A的话，我也会感到非常惊讶。但我的意思并不是说其余的90％就应该得D，更为可悲的是居然有那么多的C＋。在纸上打C＋是一回事儿，而当百万美元或数以千万的工作受到威胁时，那却是另外一回事儿。如果真是那样的利害关系的话，C＋也没什么好的。

在你们公司内部进行的变革尝试会得A－还是C＋，这难道不重要吗？

当然重要。对于这一点而言，我的建议显得有点儿激进。谁会愿意待在一个C＋的单位里呢？每个人都应该努力寻找一个能发挥其才能的单位，因为在那样的单位里，他们可以学到更多的知识，得到更多的回报，同时你的心情也会更加愉快。所以，如果你确实认为所作出的努力无论从哪个角度都不会成功的话，那么你就应该认真地考虑一下是否应该离开这样的单位。如果所在的单位是一家大公司的话，那么你就可以考虑是否要调到其他部门。

也许人们会说："那么我的医疗保障怎么办？"这种想法是非常短视的。目前最重要的是学习，学习，再学习。我们一直在努力学习更多的知识，这是我们大多数人从孩提时代就已经开始努力学习的方向。如果一直都在一个总是得C+的单位里工作的话,那么你就没有可以学习的榜样。

宣布变革计划之后,你对下属应负有什么样的责任?

在和下属谈论此事之前,你必须在头脑中明确这个问题。一旦你明确了整个计划是关于什么的;在这个计划当中,你们团队将起到什么样的作用;你的属下应为你做些什么,以及要谈到你是什么时候开始相信的——如果还不相信,你就应该认真考虑一下寻找一个值得信任的组织。只有这样,你才可能处于相对主动的地位,才可以坐下来和他们进行一番有意义的交谈,巧妙地回答他们所提出的问题,消除他们的疑虑,并帮助他们顺利地进入到变革的状态之中。

当你听到首席执行官说:"我们要成为全球贸易的先锋"这样的话,并且你清楚地知道这是不可能成功的,你会怎么办?

接下来就面临这样的问题:"我们如何给决策者提供有效的信息,才不至于使我们在这一变革过程中全军覆没?"经验丰富的人不会直接去与老板面谈,争得面红耳赤,甚至拍案而起。他们会尽量通过一种更为可靠的办法来获得尽可能多的有效信息,并把这些信息间接地传达到关键人物那里,这样一来也不至于使他们成为众矢之的。这是顾问的一个谋生手段。你已经让顾问们开始专心搞一个项目,你在一边静静地确保他们一直在关注这一整个过程,你不会打报告给老板,但是他们会。如果你实在无法找到那样做的方式,那么在你着手参与建造这艘洲际巡洋舰之前,你不妨考虑一下其他的职业。

> 要知道,企图维持现状的力量是非常强大的,而且无处不在。

你曾经提到过有可能会受到变革反对力量的欺骗,要如何提防呢?

关键问题在于不要疑心太重。另外一方面,你越是能彻底地想明白,至少在一开始就能想明白,谁不愿意变革,为什么不愿意变革,你就越能更多地关注那些人,你被暗箭所伤的可能性就越小,因为你可以正视他们。你必须清楚地知道一点,即在单位内部企图维持现状的人不在少数,而且无处不在,他们的力量是非常强大的。但不要把这种力量妖魔化或把他们看做敌人,因为他们认为这种尝试是很愚蠢的。你要小心，这群人当中必定会有人不把你当做头目。

作为变革尝试的一部分，有没有一种方法来断定你自身是否进行了足够的变革？

最好的办法就是找到你最信任的人并向他们询问。比如说："问题是这样的。我认为我已经做了一些工作，而且也起到了一定的作用，但是我知道我还是有点盲目，而且做事有点拖拉。你有看到任何这样的迹象吗？"

如果你担心变革计划太过于自上而下，担心并没有认真咨询过执行该计划的人的意见的话，那你该怎么办呢？

不要说："这就是我们要做的"，而要说："这就是他们现在所想的，你觉得怎么样？"最好的部门领导开会是为了听到更多来自基层群众的声音。他们不会坐等着总经理告诉他们该怎么做。他们清楚地知道，在不用等到上级领导允许的情况下如何自行其是。你不是一个简单地把信息从上传到下的一个无须动脑的中间环节。你可以暂时终止信息的传递，而把你的或其他人的思想融入其中。

公司面临的真正的难题是什么？如果你的属下已经预见到所作出的努力会导致 C＋的结果，那你该怎么办？如何进行重组？如何进行后续的那些不太成功的计划？

一开始你就要问自己这样一个问题："这会是另外一个 C＋吗？"如果答案是否定的，你就需要在头脑中列举出高层领导会持不同意见的证据。然后坐下来和你的属下共同探讨这个问题。你不要用嘲笑来回击嘲笑，要用你的坦诚和公正来消除大家的疑虑。"同志们，让我们关起门来共同面对。这最后的质量工程就是一个炸弹。让我们共同努力来找出原因。请允许我给大家解释一下为什么我觉得这个新的计划要比原来的更加完善。"如果你真的愿意以诚相待，愿意消除大家的疑虑，你会发现这种讨论至少会使他们保持中立。你别指望每一个人都能为你排忧解难，但至少有助于减少阻力，这才是真正有意义的事。

假设你已经意识到变革计划会不可避免地削弱你们部门和你的工作，那该怎么办呢？

对于这个问题的任何一种回答都似乎略显轻

率。有没有可选择的答案呢？是尽可能地表现得勇敢些，以使自己成为名垂青史的风云人物，还是为了保住你的工作而暂时搁浅能使公司利益最大化的计划？第一，很难做；第二，你感觉会很不好。唯一的选择就是确定方向继续前进。不要只是静观其变，相反，要时刻提醒自己如今的职业意味着什么。职业不再意味着"铁饭碗"，而越来越表现出一些动态的特征。我们之所以担心："天哪，他们将会削弱我们的团体"，部分原因在于我们从小就在这样一个环境中长大，即在你的职业发展过程中怀疑任何的突变。那不是真正的未来。如果一份简历做得太过工整，内容太过浮华，我们就会变得越来越怀疑，因为那不是我们所生活的世界。较正确的姿态就是"我如何把它变成极好的学习经验，以便到下一个阶段的时候，加上这种成就纪录，使我获得更多的技能？"你应该能够这样说："我一直在努力地实施这个计划，而事实上，其结果虽然削弱了我的工作，但老天作证，我所做的是正确的，而且确实有利于公司的发展。"这确实会为你进行下一个阶段的工作作出巨大的贡献。

我们都知道管理者应忠实于他们的个人纪律、技能以及他们的计划。而且不要用 30 年的时间来在公司内实施一个计划。变革计划只需使公司受益，不一定非得要个人受益。难道这两种责任之间的关系一点也不紧张吗？

确实紧张，但是问题的解决办法并不是非此即彼的。解决的办法可以"兼顾以上几个方面"。人们不但担心他们自己，担心他们的技术，而且还担心他们的顾客，担心股票的价格，担心供应商。无论是说"我要成为一个公司的好领导"，抑或是说"我只管好我自己就行了"，都是不够明智的，要两者兼而有之。

如果断定变革不会使你本人受什么影响，但属下的地位肯定会被削弱，那你该怎么办？你对他们应负有什么样的责任？

在这个瞬息万变的世界里，你确实应该对这些人负一定的责任，但不是帮助他们维持现状。你的责任在于帮助他们调整自己以适应更加美好的未来生活。或许有的时候你需要他们走出自己狭隘的空间。也许你想对他们说："这对于我们所有的人来说都是一个机会。如果我们干得不错的话，那么我们就都能继续在公司待下去。我保证你们所做的是正确的，保证你们会从中学到很多。"他们应该觉得因为与你共事而备感荣幸。

最近,我以前的一个学生来看我。他换了一个任务十分艰巨的工作,因此而有许多顾虑。听他说了20分钟之后,我说:"我能给你的最大的,也是唯一的建议就是:你要牢牢记住这关键的一点,那就是你的公司也许面临着倒闭:工人失业、你的乌纱不保、顾客受到伤害、供应商也受到伤害。你临危受命,确保不会发生这样的事情。每天你都要去办公室说:'今天,我有没有努力做到以越来越低的成本和价格来给顾客提供越来越好的产品和服务,以便能够挽回这种局面?'"

现在的追随者和十年前的追随者相比有什么不同吗?

追随者也要逐渐成为领导者。

追随者也要逐渐成为领导者。"我只是一个中层领导,而不是公司的领导",这种观念是错误的,不但不利于员工的发展,也不利于公司的发展。你的确不是首席执行官,但在这样一个瞬息万变的世界里,你不但要有一些专业技能,比如营销学的技能,而且还要擅长管理,使一切都进行得有条不紊。有时要求你发挥一些领导方面的才能,以使你们公司更加具有活力,更加

国际化,能承担更多的新技术。不要认为只有丘吉尔才是真正的领导。

参考阅读

Leading Change by John P. Kotter (1996, Harvard Business School Press).

4. 通过肯定式探寻进行变革

汤姆·克拉登马克尔

4. 通过肯定式探寻进行变革

汤姆·克拉登马克尔

公司在市场上的地位逐渐下降,员工的士气也日益消沉,因此,公司需要进行一次真正意义上的、迅速而彻底的变革。高层领导把组织专家召集到一起来共同分析问题的根源,并试图找到解决问题的办法。专家们拟了一份草案,力图作出彻底的调整:从员工工作制服的调整到与顾客之间的互动的调整,甚至精确到用数据来计算。当真正谈到迅速而彻底的变革时,员工们都开始畏缩不前。他们被专家草拟的报告中含蓄或直接的批评所刺痛,因此,对有可能威胁其本人的一系列变革计划毫无兴趣。他们还会反问:难道这不正是由那些不切实际的老板们所发起的新一轮毫无意义的轻率运动吗?

而此时,在一家照明设备公司,管理人员和员工正在用另外一种完全不同的方法来推进变革进程。员工们聚到一起不是谈论问题是什么,如何找到解决问题的办法,而是谈论他们所取得的最大成绩。

他们会被问到这样的问题：当公司发展得最好的时候是什么样的。员工开始讲述可能发生的一切，并通过共同憧憬这一切来找到大家共同感兴趣的话题。然后公司开始构想在最远的将来，公司发展到最好的时候应该是什么样的。然后从那一点开始向后，设计出每一步计划，并尽可能地利用相关资源，以便他们能够真正地实现那个目标。作完计划之后，员工就会与管理者充分配合，朝着一个全新的方向共同迈进。

照明设备公司所运用的方法叫做肯定式探寻理论（Appreciative Inquiry/AI），一种侧重于增强公司的竞争优势、开发公司潜力的组织变革方法。AI 理论（肯定式探寻理论）就是基于社会构造理论，即建立在所有员工和公司通过他们对世界的解释和对话来共同实现他们的理想这一理论基础之上的，是由美国凯斯西储大学（Case Western Reserve University）的戴维·库铂里德（David Cooperrider）教授于 20 世纪 80 年代首次提出来的一种理论。现在全世界越来越多的公司和一些非营利组织都在运用这种理论。

简·马格鲁德·沃特金斯（Jane Magruder Watkins）是 AI 理论的试验者，他也是一本名为《肯定式探寻：与想像同步的变革》（*Appreciative Inquiry: Change at the Speed of Imagination*）一书的合作者〔与伯纳德·J. 莫尔（Bernard J. Mohr）共同完成〕。他

说道："越是关注问题本身,你的步子就迈得越小;而你越是努力寻找是什么在起作用或是在头脑中形成一个将要往哪个方向发展的印象,你就越有可能跟上瞬息万变的世界发展的步伐。旧有的模式是尽可能地维持现状,这不再是我们所推崇的。当你在解决其中一系列问题时,又会有另外 900 个问题出现。"

肯尼思·格根(Kenneth Gergen)是斯沃斯莫尔学院的心理学教授,因研究社会构造理论而闻名。他认为,人们如何谈论公司的发展,他们在行动上就会如何表现。格根说:"我们不确定问题定位会给我们带来多大的好处,但如果你开始细心观察,你就会发现到处都是问题。如果你过分注重这些问题,你就会有这样一种感觉,即所有的问题都是无法解决的。但是,如果我们可以创造一个世界,在这个世界中只谈论可能的事情,也就是说通过共同努力可能实现的目标,那么就会突然间创造出巨大的、积极的能量。"

让我们来看一个正在运用的肯定式探寻的例子。苏格兰银行的企业财政部门运用 AI 战略来变革其内部的沟通机制。银行的领导知道他们需要在领导与一线员工之间创造一个双向的信息沟通机制,以便他们能够根据自己的经验和知识来保持旺盛的精力继续前进。计划的设计者对讨论问题本身并无太大兴趣,因为他们担心这会成为使人泄气的诉苦大会。相反,该家银行召开了 10 次专题研讨会来探讨一下公司在哪方面做得最好,并分析其原因。

负责员工沟通方面的经理鲁思·芬德利(Ruth Findlay)在2001年2月出版的AI新闻杂志中写道:每一个研讨会都由来自大多数部门、工资水平各不相同的人所组成。与会者每两人一组,相互交流在过去半年内,他们想为银行作出贡献而全力以赴的那些经典的例子。然后,他们开始挖掘这种经典事例背后起关键作用的因素。把这些故事收集到一起,对其进行分析并从中找出会给变革带来好处的那些沟通的一般标志和积极行为。

从所有的故事当中提炼出一个报告,名为"100种声音"。该报告说明了该部门如何发展才能制定出与企业经济部门所创造的成绩相匹配的内部体制。

"单位内部需要的信息应使每一个阶层的员工都知道,"沃特金斯说道,"只有高层领导才知道什么是最好的,这种做法将一去不复返,多数领导都已经意识到他们确实需要公司内部方方面面的信息。AI会赋予你那种能力,它确实很民主。"

沃特金斯总结出了五项基本原则,这五项基本原则被称做是肯定式探寻的DNA。它们是:

➢ 法令解释人原则:组织的命运与其员工对组织命运的理解密切相关。对组织进行变革,首要任务就是要努力发现员工们都在想些什么。

➢ 同步原则:询问过程本身就会影响变革的方向。

> 预期原则：完善组织的一个最强有力的办法就是集体想象未来将是什么样。
> 诗原则：一个组织的"历史"总是被组织里的每一个人或是与组织相关的每一个人不断改写。该组织，就像一首诗一样，要经常地被解释或重新解释。
> 正面原则：建立在正面原则基础上的询问，比如成功、喜悦、希望和鼓舞，要比分析错误以及如何改正这些错误收到更好的效果。

安妮·雷德福（Anne Radford）是一位伦敦的 AI 践行者，也是 AI 新闻杂志的编辑。她一直强调肯定式探寻在很大程度上都有赖于公司上下每个人的参与："肯定式探寻不只是为员工做的，"她说道，"他们不是只处在接受的终端，而是整个过程的参与者。"

沃特金斯和莫尔建议在运用肯定式探寻时要遵循以下五个步骤：

1. 使调查产生更为积极的效果

当一个公司试图变革时，它总是要收集数据并分析这些数据，指出障碍，最后作出判断，这都是些传统的做法；或者试图找出一些有利于公司发展的正确方法。差别就在于所问的问题有所不同。热衷于改善客户关系的公司会问："我们怎么做才能最大限度地平息顾客的愤怒和抱怨？"而相反，在 AI 过程中问题应该是这样的:"顾客什么时候对我们的服务最为满意？胜利的时刻我们能学到什么？如何运用？"

2. 多讲一些正面的故事

第二步就是运用访谈法来鼓励员工讲故事，并通过这些故事来使公司非同寻常的优点得到凸显。当公司处于发展的顶峰时，会表现出哪些特征？正面的故事不像数据或列表，它能激发人们的想象力并且能够激起员工对公司的兴奋度，以便使他们明白公司会在多大程度上得到发展。建立在讲述和倾听这样的故事基础上的变革过程是充满活力的。雷德福说:"因为它是建立在颇有成效基础之上的。"

3. 确定故事中所表现出的主题

目的不在于选择最好的故事，也不在于选择最典型的故事，而是在于找出所取得的最大成绩和成功背后有什么共同之处，并找出哪些因素对我们所期望的未来最有帮助，最能鼓舞人心。"如果在访谈过程中所发现的特别的时刻成为公司的标准的话，那么这些时刻就奠定了我们集体所想象出来的公司未来的基础。"沃特金斯说。

4. 共同树立未来的形象

接着第三步的势头,这个过程中的这一阶段要求公司员工共同创造一个未来。在这个未来世界里,故事里面强调的重点就是每天的现实生活。除了"表达梦想外",正如沃特金斯所说的那样,团队要共同设计框架:政策、商业过程、资源等等,来到达理想的未来。这一框架可以包括以下因素:获得并使用一项强有力的技术;或者是设计一个绩效评价体系,这个体系是用来给予员工奖励的,而不是用来惩罚员工的。

5. 找到有创造性的方法来创造那样的未来

最后,公司的全体成员要共同来确定并运用一些方法使第四步中所创造出的躯壳变得有血有肉;他们会找到一些创造性的办法来将理想化的未来变成现实。这就意味着要用一种全新的方式来与顾客交流或者是运用一种新的、发人深省的管理培训计划。比如,有一个卫生组织就在 AI 过程的这一阶段制订出了一个新的计划,奖励那些为顾客提供最好的服务的先进个人,还制订了收集并实施员工意见的建议,而且还制定了一个更加流畅的决策机制。

苏珊·伍德（Susan Wood）在离开一家大的咨询公司之后，就开始潜心研究 AI。她认为 AI 能够有效地留住员工。她在费城作的该项研究是把这个方法用在一家医院。这家医院的护士流动性很大，这一点使该医院十分头痛。她和她的同伴并没有直接去调查护士们为什么要离开，而是开始研究没有离开的护士为什么会留下来。结果发现，原因在于她们非常忠实于她们的护理专业。在所有提到的问题中，包括员工认同计划、辅导计划，还有一个就是新的定位方法，她们强调的都是护理专业高尚的一面。

"这些护士感觉非常压抑，而且总是超负荷地工作，"伍德说道，"但是当我们开始让她们谈论最擅长的优点时，她们的语气立刻就变了。我们和她们交流的时候没有任何阻力，也听不见任何抱怨。她们已经在路上了。她们时不时地会说出一些很有用的观点。"

沃特金斯预言，AI 会随着公司的改变而继续受到更多人的喜欢。"一旦你使整个过程连续不断地发展下去，人们就会不断有惊喜，"她说，"她们一直都想换个不同的环境，换一个能够使她们不但有成就感、受到鼓舞，而且还会有很高收入的环境。AI 就会帮助她们实现那样的梦想，成为实现那样梦想的一种最基本的方式。"

参考阅读

Appreciative Inquiry: Change at the Speed of Imagination by Jane Magruder Watkins and Bernard J. Mohr (2001, Jossey-Bass).

5. 组织资本 | 支持能够保证战略实施的变革日程

罗伯特·卡普兰 戴维·诺顿

5. 组织资本 I
——支持能够保证战略实施的变革日程

罗伯特·卡普兰 戴维·诺顿

　　理战略就是管理变革。这一战略主要就是公司如何为股东们创造价值。这一战略本身就阐明了价值创造过程的逻辑：一个顾客的价值主张如何才能给股东带来回报，这一系列发展过程如何才能支持这种价值主张，无形资产（人和技术）如何使这些过程成为可能。但是除非公司有能力执行这一逻辑中提到的变革计划，否则这个战略就没有任何价值。我们把公司执行这一战略所需的那种激励变革，并使变革持续进行的组织能力称为"组织资本"。组织资本、人力资本和信息资本一并构成企业的无形资产。

　　组织资本有利于进行整合，不但个人无形资产（人力资本和信息资本）和有形资产（物质的和经济的）要与公司的发展战略相一致，而且还要对公司所有的资产进行整合，然后共同来实现公司的既定目标。组织资本程度较高的企业对于目标、任务、价值观和战略有着共同的理解;它会在一开始就干劲儿十足;会围绕着战略而形成一种绩效文化;还会在上级、下级抑或是平级之间进行信息共享。这样一来,所有人都会共同朝着一个方向一起努力。相反,组织资本程度相对较低的企业就无法优先建立一种新的文化氛围。这种能够创造正面组织资本的能力是成功执行战略的最好的先兆之一。

在我们的战略规划和平衡记分卡这两个调查数据库里,大多数公司都会为了不断学习、不断发展而确定三到五个组织资本目标。其中比较典型的目标包括:"培养领导"、"团结一致"、"信息共享"和"关注顾客"。但是通常情况下,设定这些目标都需要作出特别的、有敏锐洞察力的尝试。主管领导头脑中往往没有一个整体的框架,因而也没有把注意力放在公司的文化和氛围上,更不用说把它与公司的发展战略联系到一起了。然而,尽管他们头脑中没有一个整体的框架,也没有太多的解决办法,但我们发现多数高层领导都会运用一些很重要的、内容大致相同的战略。我们对这些战略进行了综合分析,并在此基础上归纳总结出了一套虽然还有待于进一步完善,但却是全新的理论框架,并用它来描述并衡量组织资本。

组织资本主要建立在以下四个层面之上:

文化:所有的员工都必须意识到并内化他们执行战略所必需的使命、愿景以及核心价值。

领导:称职的领导无论在什么情况下都会激励组

织朝着既定的战略方向发展。

联合：个人、团队以及部门目标和激励机制都和完成战略目标密切相关。

团队：信息（有战略意义的）要在整个组织内部共享。

这一战略计划描述了一个新的战略需要如何变革，比如新产品、新工艺或是新顾客。反过来，这些变革也有助于确定公司所需要的新的行为标准和价值观。发展组织资本战略的第一步就是通过更广泛意义上的战略来确定公司变革日程。该变革日程要明确由必要的组织氛围向实现该战略的转化。其目标分为两类行为变革：一类是为顾客和股东创造价值所需要的行为变革，另一类是执行该战略所需要的行为变革。在创造价值的过程中，有三种不同的行为变革是必须要给予持续关注的：

➢ 关注顾客（以顾客为中心）
➢ 要有创造力和革新精神
➢ 结果导向

还有另外四种和实现战略相关的行为变革：

➢ 理解使命、愿景和价值观
➢ 制定责任制
➢ 公开交流
➢ 整体作战

没有哪一个公司能同时把以上七项同时列入到它的变革计划当中。一般来说，一个公司在它的记分卡上只会做到其中的2~4个目标。比如，有一些撤销管制的行业，像公用事业公司或电信公司等，就会朝着高度重视以顾客为中心和不断创新的方向发展，因为这些对于它们来说都是全新的尝试。以前，它们的文化中涉及到的不过是有效运作、规避风险或是和管制者进行有效谈判之类的事情。这样做的目的也无非就是把它们处于垄断地位的总收入与所投入的成本持平。医药公司现在也正在努力向着以顾客为中心，在整个单位内部进行信息共享的方式来增强团队协作意识。而在此之前相当长的一段时间内，医药公司都是靠它的工作能力和遵守纪律能力来实施变革计划的。因此，实施新的变革战略需要变革日程上要有3~4项最重要的行为变革。

把组织变革日程作为战略和组织资本的中间环节，我们能够更加具体地检验其中的四个组成部分：文化、领导、联合和团队精神。以下我们重点关注一下文化这一部分。

文　化

文化是主流态度和行为的反映，而这种主流态度和行为恰恰就说明一个团队或公司的特质。在我们平衡记分卡数据库学习与发展这一部分中,"塑造一种文化"是最常被优先引用的。管理人员普遍认为:(1)变革战略需要对公司的经营方式作一些基本的调整;(2)变革战略需要公司上下所有不同层次人员来共同执行;因此,(3)一种全新的态度和行为,也就是文化,将会是所有这些变革的前提。

文化可能会起阻碍的作用,也可能会起促进的作用。有研究表明,大部分公司合并并没有产生增效的作用[1],其主要原因就在于彼此的文化不相融。然而,像思科公司就因能够将其新并入的公司融入到它的文化当中而变得更加出名。IBM 服务公司与电子数据系统公司(EDS)就在其成功把外购单位的员工吸收到自身文化当中的同时,成功地做了一笔外购的大买卖。到底是文化支配战略,还是战略支配文化呢?我们认为是后者。在以上所提到的思科、IBM 和 EDS 等几个例子当中,能够将新并入的公司真正纳入到本公司的文化当中显然是评价发展战略的一个很重要的方面。然而,大多数战略都没有把新并入的公司纳入到其现有的文化当中来。他们对公司已有的文化作了巨大的调整。为了能够使新战略得以成功实施,领导层必须把所有员工新的态度和行为介绍给大家。

现在让我们来看一个例子。这是 20 世纪 90 年代初期信息管理服务部(IMS),即一家大的电信公司的一个内部 IT 部门的经历。随着电信行业取消管制，公司把 IMS 从成本中心变成利润中心。几乎一夜之间，IMS 就必须完成它角色的转变，即在一个受管制的行业里（这一行业里成本的增长可以靠更高的利润来抵消），由垄断顾客而成为专属供应商，转向一个独立的单位，这个单位是以顾客为中心，以市场竞争为导向的。它不但要竞争外部顾客资源，同时还要竞争内部顾客资源。长期以来形成的文化、价值观和管理办法立刻就过时了。而且，这种激烈的文化转型还必须与技术瓦解同时发生。所谓技术瓦解是指信息技术的平台必须由中心的、靠主机运算的服务转向分散的、靠为顾客服务的运算上来。顾客也发生了变化：现在他们会依靠 IT 供应商来替他们解决问题，而不是单纯地依靠新技术。

以往，IMS 可以通过母公司给营业部门的制造费用的分配来平衡其成本。而现在，IMS 必须通过向顾客提供有竞争力的价格，对顾客的要求作出相应的反应，以及向顾客提供增值服务等途径去赚取利润，去招揽生意。必须建立一种能够产生绩效的新文化。实行文化变革的效果是明显的，也是剧烈的。这种新的 IMS 不会再把顾客看做是它"专属"的了。它必须要与其他的公司，像 EDS、安盛咨询以及 IBM 等公司竞争。它必须使内部及外部的顾客相信它才是最可信赖的、最有远见的合作伙伴。IMS 必须从靠增加预算、加

紧日程安排来衡量其成功与否,向以行动为导向、具有企业家精神、知识渊博的合作伙伴并能帮助它从IT中获得基本的利益这个方向转型。所有这些新的态度和做法是该战略成功的基本要素。IMS也许还会引进其他许多变革措施来使这一战略得以实施,需要新技术、新方法和新技能。但是,除非这些变革是伴随文化转型而发生的,也就是说,从专属供应商向主动寻求利益的企业家转型,否则该战略就注定要失败。

> 平衡记分卡的独特之处就在于,衡量行为能迫使本身就较为模糊的概念,比如文化和氛围,得到更加精确的解释。

把变革目标与战略联系起来

我们已经看到有许多公司都像IMS那样开始进行彻底的文化变革。而"以顾客为中心"则是大多数文化变革目标中都普遍涉及到的一种变革,也是最受服务公司认同的一种变革,比如,电信公司、经济公司、卫生部门、运输部门、能源以及公用事业公司等。这些服务公司是在撤销管制的环境中开始竞争的,员工们必须清楚地知道一点:是顾客为他们创造价值,而不是管制者。方式A,一个地区的健康计划。这个计划试图通过强调"领导在顾客身上花费的时间"来给高层领导创造一种以顾客为中心的文化。一线员工已经在和顾客进行近距离的接触了，但是如果领导们也想成为高效的领导者，那么他们也需要花上一定的时间来与顾客接触。方式B，一家地方银行。它希望它的员工以解决方法为主来定位，而不是以发展业务为主。这样做的目的是使员工能够与目标顾客之间建立起一种更加密切的咨询关系。

当以顾客为中心的战略看似最适合那种完全实现以顾客为中心的转型的公司时，我们也看到了和其他战略相关的目标。比如，在可持续性和可靠性方面竞争的公司就很有可能想建立一种保证质量和可持续提高的文化。而一种要不断降低成本的文化则会与在竞争完全低成本上下工夫的公司有联系，尤其是在生产那些几乎没有差别的产品方面的联系就更加密切。而那些努力想保持其产品处于领先地位的公司则希望建立一种具有创造性、生产出新产品的文化。然而，即使有这么多种可供选择的文化模式，员工们仍然需要坚持以顾客为中心，同时还要关注他们如何把创造的价值主张（propositions）和附加值（add value）传递给目标顾客。

革新/冒险的目标就是向员工传递这样一个信息，即挑战现状是没有问题的。C公司和D公司是两个解除管制的公用事业公司，它们用"创业者"、"革新"和

"创造力"这样的词来强调一个全新的环境所需要的行为。

如果公司制订了能给股东带来价值的计划，那这样的公司就一定需要一种注重结果的文化。E公司是一家医药公司，它想使它的员工由管理文化转向可以运用技术来产生经济效果的文化。F公司是另外一家刚刚解除管制的事业公司。它用"产生效果"这一短语来表示成功的尺度已经发生了变化。

理解任务和战略对于那些想在本部门内部保持良好发展势头，同时还要与本单位其他部门之间相互协调整合的组织职能专家来说，是一个很重要的目标。G公司有一个健康计划，想要通过将其医疗机构与管理机构进行更为密切的整合来达到提高效率的目的。H公司是一家专家服务公司，它让其技术组织引进基于网络基础上的具有创新成分的咨询业务。从表面上看，这种咨询业务似乎威胁到该公司的顾问，因为他们早已经习惯了通过与客户进行面对面的交流来交付成绩。

责任制对于那些一直以来都将重心放在企业内部或是一直都受高度管制，然后又必须转向以市场和顾客为中心的企业来说，会起到非常重要的作用。I公司是一家制造公司，它拥有国际市场并在全球范围都有制造厂和供应商。而以前，I公司却是靠职能来界定其行政责任的，并运用基于成本基础上的价格转移来衡量在整个供应链条中制造业单位的成功与否。这样一来，没有人对端对端（end-to-end）利润和这种行为负责。I公司实行责任制这种全新的战略使企业经营方式简化了许多，并提供了更多内外部自由购买的权力，并通过基于市场的投入与产出的价格来衡量每一个单位的绩效。

公开交流对于那些需要进行高度整合的战略来说，是一个很重要的目标。J企业是一家制药厂，它希望加快信息和市场经验从商务组向产品开发组的流动速度。

当用一个战略来重新界定不同部门的职能时，团队合作在变革日程中就显得十分重要。K企业是一家拥有多个部门的制造公司，它有许多独立的品牌。它想通过对这些部门进行更大的市场整合来达到增效的目的。这个术语"双重身份"（dual citizenship）就表达了一种产品在树立自己独特品牌的同时还要为公司树立形象。L企业用"同一团队，同一梦想"这一励志性的词语来说明不同的部门，甚至拥有各不相同的发展目标，如何为了成功实现公司的全球战略而共同作出贡献。

衡量文化

对文化价值观的衡量在很大程度上依赖于对员工

的调查。平衡记分卡的独特之处,也是其复杂之处就在于,衡量行为能迫使本身就较为模糊的概念,比如文化和氛围,得到更加精确的解释。

组织行为专家查尔斯·奥瑞里(Charles O'Reilly)和他的同事们研究出了一套衡量方法,即组织文化形象(OCP)[2]。它包括一些用来描述一个组织的可能的价值观的陈述。员工要根据他们认为自己在单位里的重要性和实际价值对54项价值陈述进行排序。从这种排序的结果就可以把一个公司的文化分成相对独立的八个因素,通过这种方法得出的结论既可靠又具有说服力。这八个因素是:

➢ 变革和冒险
➢ 注意细节
➢ 关注结果
➢ 有进取心和竞争意识
➢ 支持(获得每一个员工的支持)
➢ 发展与收益
➢ 相互协作与团队精神
➢ 决断力

OCP陈述法是建立在一系列行为标准,即人们关于具体态度和具体行为的期望基础之上的。它要求人们对诸如以下问题作出反应:"到底怎样才能获得成功?"和"还有什么未成文的规则?"在一个组织机构内部,对于这些问题所达成的一致意见固然就代表了该组织的文化。因此,该组织就可以明确地判断出文化是否会与其发展战略相一致。缺乏一致就说明缺乏一种共同的文化。

一个组织机构的不同部门需要有不同的文化。研发部门的文化就应该有别于生产加工部门的文化;一个新兴行业的文化就应有别于一个成熟行业的文化。标准之外的差异是否是人们想要的,取决于其所采用的功能战略和商业战略。但是高层管理人员却很有可能想要在整个组织范围内,就团结一致、相互尊重以及员工待遇等价值观上达成一致意见。这些就是整个公司范围内的文化标志。

像 OCP 这样一种工具的存在表明:现在文化已经变成了一种可以测量的概念。但像 OCP 这样的工具一直以来都受心理学的影响,因为它重点强调诸如动机和氛围等概念。既然这种战略文化没有把文化看做是有效实施此战略的必然因素,那么现存的、能够衡量文化的所有工具中就没有一个能够获得个体对该战略的信任和理解。为了能够使文化尺度与一个组织的发展更加密切地联系在一起,而不是过一天算一天,就要对 OCP 中的价值陈述进行修改,以便让员工用已经确定下来的尺度来对公司进行评价,其中也包括隐藏在该战略背后的价值主张。我们提出过以下几种可能性,比如这种文化能否成为不断改进的高质量的计划,是否具有创造性和革新精神,有没有对每个顾客的喜好和需求进行深入了解等。发明一些更加先进的方法,通过用与该战略相关的几个尺度来衡量文化显然是将来进一步开展工作的一个绝佳的机会。[3] 公司也必须出台一些自己的、专门的意见调查表,并依靠这些调查表来对这一重要尺度进行衡量。

变革的首要因素

文化是影响一个公司变革能力的首要因素。因此,必须对文化进行变革以使其能满足该战略的发展需要。不同的战略需要不同的价值观:用全新的方式与顾客、同事、传达命令的中间领导、供应商和管制者等进行沟通。为了能够使该战略得以成功实施,一个公司必须弄清楚它所需要的种种新的价值观,同时还要确保这些价值观能够被采纳。

注　释

1. S. Chaudhuri and B. Tabrizi, "Capturing the Real Value in High-Tech Acquisitions," *Harvard Business Review* (September-October 1999).

2. C. O'Reilly, J. Chatman, and D. Caldwell, "People

and Organizational Culture: A Profile Comparison Approach to Assessing Person-Organization Fit," *Academy of Management Journal* (September 1991).

3. 例如,你可以在 ThinkShed 公司（www.thinkshed.com）寻找到方法,这些方法是 O'Reilly、Chatman 和 Caldwell 的研究成果。

6. 组织资本 II | 领导力、一致性以及协作精神

罗伯特·卡普兰　戴维·诺顿

6. 组织资本 II
——领导力、一致性以及协作精神

罗伯特·卡普兰　戴维·诺顿

我们经常说：管理战略是管理变革的同义词。为了执行战略，一个组织是通过无形资产，即组织资本来发动和维持必要的变革的。

领　导　力

当一个公司变革发展战略的时候，员工也必须随之改变其以往的工作方式。这就需要公司各个阶层的领导来帮助员工认识并理解执行新战略所需的变革，同时还要动员并引导他们采用新的工作方式，这是他们不可推卸的责任。

组织变革的日程明确规定了新战略需要对组织氛围进行哪些具体的转变。在平衡记分卡（BSC）调查数据库的帮助下，我们确定了七种通用的行为模式。高层领导已经把这七种行为列为其执行 BSC 的一个基本部分(见表1中左边一栏)。既然每个组织及其战略都各不相同,那么组织的变革日程也必须根据不同的情况来作出明显的调整。变革日程的另外一个重要作用就是它有助于明确领导的职责。

表1

	Finco公司的领导能力模式	
	组织变革日程(通用模式)	Finco公司领导能力概况
创造价值的行为	➤关注顾客	➤关注顾客价值 优秀的领导者会用高质量的办法来满足顾客的商业需求 ➤培养关键的领导力 优秀的领导者会建立一套关系来促进Finco公司的市场占有率,并努力维持这种关系
	➤有创造性和革新精神	➤进行变革 优秀的领导者会积极进行变革;他们会对变革持一种开放的态度
	➤交付成果	➤交付成果 优秀的领导者会向所有利益相关者交付高质量的成果
帮助执行策略的行为	➤了解任务、愿景和价值观	➤制定策略 优秀的领导者知道如何通过获得有持续竞争力的优势这样的功能策略来实现愿景
	➤创造一致性、培养创造性 ➤公开交流	➤建立承诺 优秀的领导者会鼓励公开进行交流,通过这种方式来让大家支持Finco公司的愿景和核心价值观
	➤作为一个团队而共同努力	➤培养团队协作 优秀的领导者会在个人、团队和文化之间建立起团队协作
		➤促进组织学习 优秀的领导者会通过知识转移和智力资本的增加来保证商业的连续性

Finco公司领导能力概况中所列举的这八种能力帮助该公司实现了其"完全以顾客为中心"的策略。

　　为了确保组织拥有执行该战略要求的那种类型的领导,组织应该创造一种领导能力模式。该模式确立

领导者应表现出的支持战略所必须具备的具体特质，而且直接来源于组织变革日程。

　　表1是一家化名为Finco的金融服务公司的领导能力模式。Finco向公司的投资者提供了一系列复杂的金融工具，作为其提供"总体顾客解决方案"战略的一部分。当我们再次回顾这一战略时，确定了Finco的领导者有责任发起的八种行为变革。如表1所示，变革一开始就强调"能够满足顾客商业需求的高质量的解决方案"，注重为顾客带来价值。人们期待着杰出的领导者能够亲自实践这种做法，并把这种思想反复灌输给其他人。这种战略也主张建立长期联系。帮助顾客解决问题需要有一个更具革新精神的环境，这个环境要比Finco之前建立起来的环境更具有革新精神，同时还要更加注重结果。除了这五种创造价值的行为，领导者还需要提高公司执行该战略的能力：即把这种前景（形成战略）转变为各自独立的、员工能与之看齐的功能计划；鼓励公开交流以获取支持；培养团队协作精神并促进知识传播（"促进组织的学习"）。所有这些方面综合到一起才能够形成一个理想的领导能力模式。

　　一般情况下，公司会通过员工调查表来考察某位经理是否具备领导能力模式列表中所列出的理想品质。一个员工可能从其属下、同级人员或者是上司那里了解关于某位领导者是否已经掌握了这些关键技能的信息；一个外部单位也可以收集这类信息。这种反馈主要是用来培训和培养领导者，但是一个组织的部门也可以收集来自个人评论报告的详细（和机密）的信息，用以形成整个组织需要的领导能力状态报告。

一 致 性

组织变革专家彼得·圣吉（Peter Senge）在他的一本名为《第五项修炼：学习型组织的艺术与实践》的书中重点强调了：一项有广泛基础的组织变革需要高度的一致性，因为只有具备高度的一致性，组织内所有的员工才能拥有共同的目标，怀着同样的愿景，并且能够理解个人的角色如何才能支持整个战略的发展。"一致性是赋予个人权力的必要条件。……因为一旦拥有了一致性，个人就能够赋予整个团队力量。"[1] 一个具有一致性的组织会鼓励员工授权，鼓励员工发挥创新精神，还会鼓励员工的冒险精神，因为个人的行动均指向实现更高水平的目标。在一个缺乏一致性的组织里，鼓励发挥个人的主动性并给他们授权会导致一片混乱，因为具有创新精神的冒险者们会使整个组织朝着矛盾的方向发展。其效果无异于一个新上任的商学院的院长在述职时所说的那样："同时带着 60 只没有拴着皮带的小狗出去散步。"

实现一致性需要分两步走。首先,领导者必须以每位员工都能理解的方式去与他们沟通组织的高层战略目标。其次,领导者还必须确保个人和团队都有他们自己的局部目标(及相关奖励),如果实现了他们自己的局部目标,就无疑会为实现高层目标作出贡献。领导者通过多方面的沟通方式来培养一种战略意识,比如宣传册、业务通讯、会议、介绍及培训课程、主管讲话、局域网和广告栏等。通常情况下,组织会通过员工调查表的方式来确定员工是否认识和理解高层战略目标。表2说明了几个组织是如何考察一致性的。A组织是一家医疗服务提供商,它运用每年一次的员工调查结果的一部分来量化那些能够识别该组织战略要点的员工比例。有的组织也经常抽样调查员工的感知度,通过运用测评旨在开发潜在顾客的广告活动的方式来测评员工教育项目的有效性。

表2

组织资本	测评一致性和协作精神:典型的措施		
	战略目标	战略措施	组织
一致性	·确保每一个员工都了解该战略	·那些能够识别本公司战略要点的员工比例(调查表)	医疗服务提供商(A)
	·强化战略方向,加强紧迫感、目的感	·与BSC的目标紧密相联的员工比例	共同基金(B)
	·通过措施和奖励来达到团结一致	·与BSC战略目标相匹配的员工比例	医疗保健公司(C)
	·把个人目标联合起来	·与BSC相联系的员工比例	国家银行(D)
	·创造一个既充满积极性,又有着充分准备的团体	·有个人BSC的员工比例	加工制造公司(E)

协作精神(知识共享)	· 赋予员工权力	· 与BSC相联系的员工培训与发展比例	市政府(F)
	· 发展一个学习型组织	· 被确定的最佳实践的数量	化工公司(G)
		· 每个员工的产出	
	· 持续开发并转移知识	· 每个员工受培训的小时数	信托保险公司(H)
	· 保证对最佳实践想法进行交流	· 参与培训过程的员工比例	金融服务(I)
	· 提高跨公司交流	· 运用知识共享渠道的员工比例	药厂(J)
	· 创造并利用一个全球共同的体制和过程来进行知识共享	· 在知识银行(KB)存入的项目信息量 · 对知识银行信息利用总数量	软件公司(K)
	· 在整个公司内部保证随时提供准确的、连续的信息	· 整个公司内部都可以得到的目标校准信息、数据的比例	金融服务(L)
	· 对员工进行整合	· 跨部门人员任命的数量	制造公司(M)

这就是许多实际组织如何界定并测量一致性和协作精神(知识共享)。

　　各个组织还可以通过联系员工个人的目标和奖励/认知体系与组织的目标来实现战略上的一致性。B组织是一家共同基金公司，C组织是另外一家医疗保健公司，D组织是一家国家银行，所有这些组织在引进平衡记分卡(BSC)时都调整了它们个人目标的设定过程。它们对员工进行了组织战略和平衡记分卡的培训，然后让他们把个人的目标与公司的记分卡联系在一起。这些组织还通过测评员工将目标与BSC相联系在一起的员工的比例来监测这一计划的实施过程。E组织是一家加工制造公司，它把这种一致性的理念又向前推进了一步。它要求每一个员工都建立他们自己的平衡记分卡。最后，F组织是市政府，它已经把员工的目标与平衡记分卡联系在一起了。在该计划实施的第三年，该组织已经运用平衡记分卡把它的培训与发展计划和整体战略联系在一起，测评员工参加过有关BSC的培训和人员发展计划的比例。

直到每一名队员都了解比赛规则，否则一支体育队绝对不能进入比赛场地，那样将乱成一团。组织也应作出同样的努力以确保每一个员工都了解整个战略计划，他们能够在多大程度上达到这种一致性直接决定了组织资本的价值。

协作精神（知识共享）

一个好的想法如果只用一次的话，那么将没有什么会比这个造成更大的浪费。对于一个组织来说，没有什么资产比员工的集体知识能够带来更大的潜在价值。现如今，有许多公司都利用正规的知识管理体系的办法来在整个公司内部创造知识、组织知识并传播知识。[2]

创造知识包括识别对组织中其他人可能有关的内容，然后让人们把相关材料都提交到电子数据库里。许多公司都必须经历一定程度的文化变迁才能把员工的心态由封闭的知识向思想共享转移。史蒂夫·克尔（Steve Kerr）是高盛公司（Goldman Sachs & Co.）的首席学习官,他曾经是美国通用电气公司的首席学习官。他注意到,在通用电气的前任首席执行官杰克·韦尔奇的管理体制中,最基本的组成部分就是在整个组织内部打破障碍,无论是横向的还是纵向的,以便能够实现知识传播。[3]

许多组织都花费巨资来建立正规的知识管理体系。这些体系应该使用户觉得很容易使用。当一个"强迫"体系意识到其对用户有着巨大的潜在价值时,它就会对用户的需求进行分类,并且经常通过电子邮件的形式有选择性地发布信息。尽管这种积极主动的方式确实显得有点突兀,但它也意识到许多员工往往太过于关注他们手头的任务,不愿意花费一定的时间去收集公司现有的信息,而这些信息也许恰恰就和其手头的任务有关,或是对手头的任务有很大的参考价值。

一般情况下,知识管理体系包括:
➢ 收集并储存知识的数据库和数据库管理体系
➢ 那些能够查询并传输资料的交流和通信系统
➢ 具有安全浏览功能,这种功能可以使员工搜索远程数据库,甚至可以通过链接来搜索,同时禁止未授权者使用

较为艰巨的任务就是如何想办法发动个体来把他们的想法和知识记录下来,以便使其他人也能够从中

受益。这种想法的简约性被它实施起来的难度所掩盖。然而，这种困难并没有打消我们 BSC 调查资料库中的大多数企业的想法，它们仍然把协作精神和知识共享作为 BSC 学习与发展前景中最重要的战略重点。

表 2 中列举了把目标和措施相结合以进行最佳知识共享的几个典型例子。G 组织是一家化工公司，它密切关注其识别和使用以获得最佳实践的想法的数量。它还通过测评每个员工的产出来评估知识共享所带来的经济影响。H 组织是一家信托保险公司，它通过其公司大学来传播知识，通过测评每个员工所受培训的小时数来衡量。金融服务公司 I 则密切关注在"群策群力"过程中传播知识的员工比例，该过程是通过模拟克尔和通用电气的团队所建。[4] 药厂 J 和软件公司 K 则运用正规化的知识管理体系来传播知识，并测评该系统使用的水平。K 公司也密切注意其知识管理体系中资料的时效性。金融服务公司 L 则把注意力全部放在绩效数据库中信息的全面性和时效性上。对于制造公司 M 来说，与其说是在测评组织内思想的改变，不如说是在跟踪那些较有思想的关键人物思想的改变，即测评跨部门人员任命的数量。

表 2 中从 G 到 M 公司都是靠投入或过程评估的办法来测评知识共享，而不是靠产出或结果的办法来测评，这种方式更受欢迎。也许是因为这些组织认为测评知识共享的产出太难，也许是它们认为这些产出

会在它们所设计的其他战略规划中可以一种更为完善的形式出现。但是,似乎各个组织可以在测评产出时做得更好,比如它们可以运用这样的测评标准:"传播或采纳新思想的数量"或是"与其他团体和组织共享新想法和新实践的数量"。杰克·韦尔奇以在通用电气使学习成为组织的重中之重而著称。他会询问部门负责人从通用电气其他部门采纳的新思想,以及这一年在本部门内产生的与其他部门分享的新思想。这类问题,由于有实际的绩效措施作支持,因此更加有力地强化了协作精神和知识共享的文化。

组织资本:小结

　　学习和发展是每个组织的战略基础。这一视角中的测评是最终和最重要的指标;它们体现着公司的无形资产,这种无形资产能通过与组织的战略保持一致而创造出新的价值。这就是为什么只有平衡记分卡,而不是金融工具,才能量化无形资产所创造的价值的原因所在。

　　当发展投资集中在几个相对较少的战略工作群,而这些战略工作群的工作过程与该组织的发展战略又息息相关时,人力资本就会得到加强,因为战略执行工作是组织战略实施过程中最关键的环节。当信息资本与人力资本相互补充来共同促进内部战略取得出色的绩效时,即当它起到非常重要的基础和战略应用的作用时,它是最有价值的。更为无形的组织资本——文化、领导才能、一致性以及协作精神——对于战略得以成功实施同样重要。组织如果引进一种新的价值取向,就必须创造出一种以顾客为中心的价值观文化。向新战略转型要求有贯穿整个组织的杰出的领导力。组织单位的新的发展方向需要把沟通和绩效管理制度与组织期望达成的目标保持一致。以信息与知识共享的形式出现的协作精神也是至关重要的,组织的变革日程决定了这种集中和一致性所要达到的目标。

  有些人对于评估这些无形资产,即人力资本、信息资本和组织资本等,采取一种回避的态度,因为与传统上用来评估组织绩效的金融工具相比,它们从本质上来讲会使测评变得"更软"或更主观。平衡记分卡运动鼓励组织迎接这种测评方法的挑战。组织现在能测评它们所想要的,而不是只想那些目前它们能够测评的。而且,它们也深知,哪怕只是打算测评员工的能力、知识体系和组织资本这样一种简单的行为,无论这种行为有多么的不精确,都能在创造价值的过程中产生驱动力。本文所描述的这些方法说明了各个组织是如何研究出新的测评方法,进而创造出它们的组织资本,并最终刺激了一个成功的战略型公司所需的行为方式上的变革的。

注　释

1. Peter M. Senge, *The Fifth Discipline: The Art and Practice of the Learning Organization* (Doubleday/Currency, 1990).

2. 知识管理体系方面的内容参考了:D. Garvin and A. March, "A Note on Knowledge Management", Harvard Business School Teaching Note #396-031 (November 1997).

3. S. Kerr, "Transformational Leadership: Lessons in Mastering Change at General Electric", presentation at the Balanced Scorecard Collaborative North American Summit (October 2002).

4. "群策群力"过程是指在公司内部由上至下、由下至上、横向间鼓励员工知识共享、解决组织问题的一种方法。

参考阅读

"Measuring the Contribution of Human Capital" by David P. Norton (*Balanced Scorecard Report*, July-August 2001).

"Managing the Development of Human Capital" by David P. Norton (*Balanced Scorecard Report*, September-October 2001).

"Managing Strategy Is Managing Change" by David P. Nor-

ton (*Balanced Scorecard Report*, January-February 2002).
"Tear Down These Walls! How to Leverage Intellectual Capital" by Dr. Steven Kerr (*Balanced Scorecard Report*, July-August 2002).

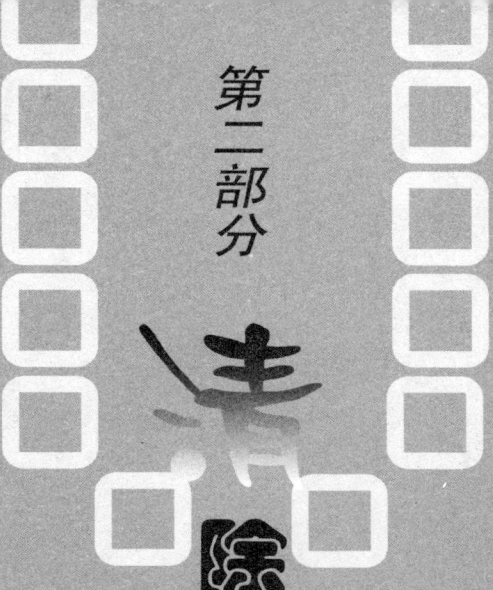

第二部分 清除变革过程中的主要障碍

在公司变革的过程中会遇到许许多多的障碍。然而,一位高效的经理应该知道如何确定并排除这些障碍。在接下来的这几篇文章中,你会发现有些战略会推动变革的发展,却不至于使你感到力不从心或出现混乱局面;有些战略是为了解决由于公司进行接二连三的变革给员工带来的疲惫和痛苦。还有几篇文章会告诉你如何消除员工对变革的恐惧心理;如何使变革计划在增加公司效益的同时,增强长期适应性;如何在变革变得不得不为之前就作好长期的准备。

1. 反思埃里克·亚伯拉罕森的管理经验 | 更好的重组之路

劳伦·凯勒·约翰逊

1. 反思埃里克·亚伯拉罕森的管理经验
——更好的重组之路
劳伦·凯勒·约翰逊

想必你已经听过这样的训令："要么变革，要么毁灭！"事实确实如此。那么为什么还有那么多的公司虽然进行变革却毁灭了呢？原因很简单，它们把这个训令理解过头了。假设成功变革需要彻底地颠覆，那么管理者就会引发这样一个恶性循环：超负荷地实施变革计划导致公司一片混乱，进而导致员工为适应频繁的变革而精疲力竭。哥伦比亚商学院的管理教授埃里克·亚伯拉罕森（Eric Abrahamson）把这种循环颠倒过来了，他争辩到：我们必须改变变革的方式。

具体来讲，我们需要通过用亚伯拉罕森所称的"创造性重组"来加强一直以来都很盛行的所谓的"创造性毁灭"（它有时是必要的，也是有用的）。通过创造性的重组，管理者可以改造公司现有的资产：包括人员、结构、文化、过程以及网络。结果会怎样呢？转型速度会更快，花费会更少，痛苦也会随之减少，而且会使转型更加容易持续地进行。

回顾一下重组要素

许多公司的资产或是"重组要素"多到令人惊讶的程度。它有许多种表现形式：

➢ 人员：员工的知识、能力、技能、社交网、价值观以及个性特征等。
➢ 结构：各个分支、部门和单位；在各个部门间进行沟通的网络，分别进行向上和向下的逐级汇报；安置员工并控制整个过程。
➢ 文化：一个公司的价值观、行为标准和非正式的领导角色。
➢ 过程：指一个公司购买劳动、材料、资金和知识的方式，以及把这一切投入到产品和服务中去，并把产品和服务呈现给顾客的方式。
➢ 网络：一组（比如一个部门的所有成员）、一个小集团（比如一个小的工作组）以及一个中心（与组和集团都有联系的人）

模仿、改制、转化

改造（reconfigure）资产有很多种方式。通过模仿，

你可以复制一个重组要素，或是使一个重组要素重新发挥作用，并把它用在你们企业的不同部门。通过改制，你可以对某些重组要素进行调整，以使其能适用于你们公司的不同部门。通过转化，你可以彻底地颠覆重组要素，以使其能在一个全新的环境中发挥更大的作用。

在具体的操作过程中，这些技巧该如何发挥作用呢？让我们来看一个例子。英国韦斯特兰直升机公司是意大利和英国合资的阿古斯塔·韦斯特兰（Agusta Westland）公司的一个部门，也是总部设在伦敦的 GKN 航空航天公司最大的一个部门。冷战结束后，亚伯拉罕森在他所写的《无痛的变革》（Change Without Pain）一书中解释道，韦斯特兰直升机公司"在开发和规模经济方面面临着巨大的压力"。高层领导发起了一轮翻天覆地的变革计划，结果却使公司陷入一片混乱当中。最终，当他们意识到出现了"反复变革综合症"的迹象时，他们决定尝试一种全新的变革方法。

"通过仔细考查该公司以及其母公司的现状之后，"亚伯拉罕森写道，"高层领导想出了一个既简单又节省成本的解决办法。"他们发现公司内部一个软件部门的产品开发模式很有吸引力，就把这种模式运用到直升机的生产上，从而把产品设计成本减到最低限度。他们还充分利用从母公司汽车部门调来的员工这一部分资源，因为这些员工对于大量生产轿车有着相当丰富的知识和经验。最后，他们还采用了已经被另一个部门长期使用的产品生产建议。所谓的芭比娃娃的模式"使他们建立起一家直升机基地，该基地可以和任何一家附属企业，像枪支弹药、航空航天设备等相联合或者是合并"。结果怎样呢？大批量地生产、大规模地改制出现了。

为了达到这一目的，韦斯特兰运用了以下三种创造性重组办法的综合体。在持续不断的变革过程中，许多价值观早已被人们所忽视，比如传统的自力更生的价值观在变革的大潮中几乎退出了历史舞台，而韦斯特兰则使它重新发挥其应有的作用，并以此来达到模仿的目的。他们通过把汽车专家批量生产的知识运用到直升机的制造上，而达到改制的目的。然后，他们通过把在软件研发的每一步骤所起的作用，而不是步骤本身，运用到直升机的开发上而达到其转化的目的。

成为更好的重组者

韦斯特兰直升机公司的例子应该引起我们足够的重视，但这样的例子并不多见。这是因为许多公司都误解或误用了创造性的重组。对于如何才能成为更好的重组者这一问题，亚伯拉罕森向我们提供了一些准则。

要考虑"既……又……"而不是"或者……或者……"

"不要认为你必须运用创造性毁灭或是创造性重组，"亚伯拉罕森建议说，"有时候你需要将二者相结合。"创造性重组不是灵丹妙药，它只是公司用来实行变革的工具。

问题的关键是什么呢？要知道什么时候用哪种方法，或是什么时候该把两种方法结合使用。创造性毁灭会使"变革逃避者"为之震惊，即要将一个原本稳定的、只有有限重组要素的公司变成一个只有进行变革才能生存下来的公司。然而，即使公司经常进行持续不断的重组，那么它也会从这种创造性重组过程中受益匪浅，而且远比新一轮的毁灭和重建过程好得多。上级领导必须向其公司为了生存而进行的持续不断的变革提供资源。这就需要像亚伯拉罕森所说的，调整速度：使变革过程（通过创造性毁灭或是重组）与稳定过程交替进行，因为只有在稳定时期，经济才能得以恢复发展。

正确的重组要素需要运用正确的技巧

除了要知道什么时候运用毁灭和/或重组之外，上级领导还要知道什么时候对哪一个重组要素进行模仿、改制和转化。在该书中,亚伯拉罕森建议找出重组要素,该重组要素更适合于用哪种技巧完全取决于你现有的条件。

比如索尼公司模仿了一家网络公司的产品归还手续。既然这两家公司在其他方面都完全相同,只有它们的产品归还手续不同,那么很明显,模仿的过程是如何与已有的过程相互取长补短的。

亚伯拉罕森写道,这家公司模仿的环节很快就融入了其已有的环节流程当中,并"使其发挥应有的作用。几乎不需要作任何的改制"。

还有另外一些经验法则:别企图一次性对许多根本不同的重组要素进行改造,由此而形成的这个实体会变得异常复杂。一定要把创造性重组看做是你经过长期努力所进行的集中变革的综合体,而不是一系列相对独立变革的简单罗列。

用一个新词来谈论变革

当一个公司的高层领导公开提倡并率先示范创造性重组时,会使创造性重组发挥其最大的作用。正如亚伯拉罕森所写的,这种积极的支持需要上级领导在与内部利益共享者(管理者、员工)和外部利益共享者(供应商、顾客、投资者)谈论变革时,运用一个全新的词汇。"创造性毁灭,"他解释道,"在商业文化中是如此的根深蒂固,尤其是在西方社会,以至于一个领导如果采取创造性重组的办法就会被认为是徒劳无益。"

若要改变这种想法,关于变革,高层领导必须对公司内、外的人有不同的说法。在谈话和陈述的时候,要引用一些你们公司很有价值的重组例子;还要描述一下你的员工是如何为了达到预期目的而主动进行自我改造的;也要谈谈其他公司是如何成功地运用创造性重组的;还要介绍一些管理稳定的概念,而不是管理变革的概念。与此同时,还要举一些与上述例子相反的例子来说明你们公司是如何遭受破坏性变革打击的,并指出其缺点。

还要找一些听众来,比如说幸免下岗的工人,他们也许很愿意接受创造性重组这一做法,因为他们是破坏性变革的直接受害者。通过对不同变革方法所带来的好处进行解释,逐渐使大家愿意接受创造性重组。

成为或雇佣一位"首席记忆官"

要想改造现有的资产,亚伯拉罕森写道,你需要估计一下有形重组要素以及那些"潜在于公司内部的、几乎被遗忘的资产"。在整个公司内部寻找那些有这种先见之明的人,即那些"愿意深入研究公司的过去,能够盘活公司的旧有资产,以便能够找到亟待解决的商业问题新方法的人"。

受雇者能够写出你们公司的历史,但是"请记住:长期受雇于你们公司的老员工是你们最好的历史学家"。这些"记忆的保持者",亚伯拉罕森写道,"可以在发动新的变革和再变革之前,回顾一下过去的变革过程。"请记住:"并不是公司过去所做的事情都是些丰功伟绩。……为了避免重蹈覆辙,记忆保持者也应该回顾一下公司的历史,看看所建议的变革是否之前已经尝试过,结果怎么样,以及为什么会这样。"

鼓励"混乱、凌乱和破坏"。某种程度上的混乱,比如说在混乱的工作环境中,把所有毫不相干的人重组到一起,所有的东西都处于混乱状态,这会更加有利于进行有效的创造性重组。为什么呢?根据亚伯拉罕森的观点,"混乱可以使有着完全不同知识和技术的人相互走近,他们可以相互学习,并根据他们各不相同的专长进行最佳的重组"。虽然混乱会造成一定程度的破坏,但经常会产生新的洞察力,当把这些洞察力应用于不同的环境时会产生新的价值。

2. 如何克服"变革疲劳症"

尼克·摩根

2. 如何克服"变革疲劳症"

尼克·摩根

你有可能曾经听过类似安德利亚·金斯（Andrea Zintz）女士的故事。安德利亚·金斯女士现在是安德利亚·金斯顾问公司（Andrea Zintz & Associates）的主席，她 1997 年在一家保健品公司任职，当时该公司的执行委员会决定对其下属所有经营点共 800 名经理推行一项鼓励创新的运动。会后的两个星期，公司安排了三天精彩的活动，包括邀请发明人、创作人及顾问发表鼓动人心的讲话。每一个出席者都拿到了一个大盒子，上面写着"工具箱"三个字。盒子里装满了活页夹、宣传册、录像带以及各种各样有用的信息，后来这只盒子就存放在了经理的书架上，什么也没有发生。

你乍一听起来觉得有点可笑是吗？甚至你想到要退缩。这就是人们熟悉的企业努力试图变革但结果却不了了之的故事。的确，在那些日子里，大家都为转型而作出了努力，企业也似乎已处在不断的变革之中。

当你知道只有少部分努力最终会有结果的话,也许会感到些许的欣慰,但这根本不会对鼓舞员工的士气起到太大的作用。许多员工会因此而患上"变革疲劳症",进而对变革变得麻木不仁,自然就会对自上而下的变革持一种怀疑的态度,这就更加剧了变革的难度。

有专家称,补救的方案是采用与网站公司全盛时期革命式的变革方案截然相反的方法:减少变革计划的数量,不要被大规模的转型所迷惑,要把注意力集中在细小方面的变革上。最重要的是要摒弃这样一种观念,即需要一个英雄式的领导才能引领有意义的、可持续的变革。

为什么变革的努力会失败呢?

"几十年来,专家们都认同企业必须进行不断的变革这种做法。"戴维·加文(David A. Garvin)说道。他是哈佛商学院的一名教授,曾写了九本书,其中包括《工作中学习》(Learning in Action)一书。书中的观点很多,但主要是说所有的企业变革大体上都要经过三个阶段:首先是最初的认识和准备阶段,然后是真正变革的实施阶段,最后是加强巩固阶段。加文教授强调说,所有这三个阶段是必须要走的,但不一定要简单地按直线发展顺序。而且,如果每一个阶段都想取得成

功的话，那么必须有一定的条件来支持。

　　在第一阶段，整个企业必须表现出对现状极为不满。必须有人为将来设计出一个计划，并指出如何实现这一计划。在第二阶段，必须真心诚意地去说服那些反对变革的人。迈克·哈默(Mike Hammer)顾问警告说，其实最危险的就是那些不提任何反对意见，一味迎合的人。加强巩固阶段是整体衡量与奖励的阶段。企业在变革时也应该有思想准备，在执行过程中随时作出调整，哪些是行得通的，哪些是行不通的，要实事求是，这个时候是考验一个企业是否具有灵活性的一个非常关键的时刻。

　　加文说，变革努力之所以失败，有两个主要原因：

变革方案设计得不够好

　　这包括没能很好地说明执行变革的全过程(例如建立执行和监督系统以及如何分配资源)，过分依靠现代信息科技手段(IT)去获得变革的神奇效果，以及没有明确指出必要的行为职责的转变。

变革的三个阶段

　　第一阶段：明确地表示公司不得不进行变革。需要设计出答案并设定目标。

第二阶段：进行真正变革的阶段。大家都知道，最困难的就是这个阶段。这一阶段是与残酷的现实相调整的过程。

第三阶段：公司要回顾一下得失。这一阶段是要接受变革后的新的现实的局限性并作出相应的调整。

沟通不畅

进行一项变革的尝试就像要开始马拉松长跑一样：有的部门变革的步伐稍快些，有的部门甚至还迟迟没有开始。负责变革的领导要至少准备重复六遍讲话，否则员工们会充耳不闻。目的不明确是另外一个问题。埃克森公司的变革是建立在互相指责的气氛当中的，当经济放缓时暴露出大家对于究竟谁在负责公司变革这一问题并不清楚。负责变革的领导必须彻底地反复解释清楚某些具体的措施，让每一个员工都知道争论的焦点。另外，领导必须想办法消除员工的顾虑。"员工们想知道你为什么认为他们可以实施你们的变革计划，"加文说道，"他们同样想知道你将如何帮助他们渡过难关。"

任何一项实实在在的变革都不是件容易的事儿，但是你不必为了获得变革的成功而无所不知，加文坚持道。就像19世纪密西西比的内河船船长驾着他的小船从河的一个弯儿驶向下一个弯儿一样，你只需依靠点到点的航行就够了。

涂口红的牛头犬

若要变革取得成功并不需要那些无所不知的领导，因为他们只会把计划搞乱。无独有偶，与加文的观点一致，罗萨贝斯·莫斯·坎特(Rosabeth Moss Kanter)也认为领导者本人很难准确地预测变革后的状况是什么样的，如果硬要去预测未来，或许会出错。一名好的领导者会运用相对较为谦虚的方法，坎特把它叫做IKIWISI(I'll know it when I see it)。她把它比做是一场即兴剧：你只能就你当时的情况作出最好的判断，但要随时准备在出现新情况时即时作出适当的调整。

"从我个人角度来说，我讨厌变革。"坎特坦言道，她是哈佛商学院厄奈斯特·L.阿尔伯克(Ernest L. Arbuckle)工商管理教授。她曾写了15本书，其中包括《E变》(*Elove*)。"但是我喜欢装修我的房子。"她的意思是说：没有人喜欢变革，除非变革是为我们而作的。但是靠我们自己想出的或是我们很乐意接受的变革则完全不同，我们永远都不会对那样的变革感到厌烦。

坎特把某种典型的变革尝试比做是"涂口红的牛

头犬"。有时,企业的领导看到了某些方面不好,比如某个环节需要改善或是产品需要进一步提高档次,他们会考虑去变革,但当发现很难把事情都做得妥当时,就决定表面粉饰一下,然后该怎么做还怎么做。只重视表面的粉饰一般会导致什么样的结果呢?牛头犬的"外表并没有改善,但是它已经狂怒了",坎特说。相反,她说道:"能够持续变革的关键在于营造一个氛围,使员工们甚至都不知道他们正在进行变革。"里卡多·塞姆勒(Ricardo Semler)是 Semco 公司的董事长。Semco 是巴西圣保罗的一家私人开办的生产及服务公司。里卡多·塞姆勒则完全同意这种观点:我们要放弃那种经常性的强制手段,要让变革悄无声息地进行。他认为,这一程式足以让公司经理节省 20%～30% 的时间,他们不必准备许多过于正式的变革演说。同时他还认为,这是许多正规的变革计划所要解决的问题。

Semco 被誉为是"世界上最不同寻常的公司"。它一直强调自下而上的变革方式。员工自己来选择他们的工作、职务、工作地点以及工作时间,甚至是自己选择薪水。公司对每一个员工每半年就要进行一次 360 度的评估;评估的结果形成了需要变革的核心内容。所有的领导都是由下属选出来的,几乎所有选出的领导都来自于本公司内部,这样一来就避免那些从公司外部选上来的领导为了上任给大家留有一个好的印象而进行大刀阔斧的变革这类情况的发生。首席执行官的位子也要频繁更换：每年都会有4个人定期轮流来坐这个位子。公司甚至都没作每年的预算，因为它们每半年都对情况了如指掌。一句话，Semco重新诠释了变革的真正意义：它们认为变革不是高层领导的事情，而是塞姆勒所称的每个"原子"的事情，即把员工分成小组，每组由8～12个人组成，让这些小组来负责监督公司的每项工作。这样一来，变革就能够持续地、循序渐进地、低标准地甚至是悄无声息地进行下去。

舍弃个人英雄主义，挽救变革

如果把Semco公司的变革模式搬到大公司来用，似乎也会引起很大的争议。亨利·明茨伯格（Henry Mintzberg）是加拿大蒙特利尔麦吉尔大学管理学院的一名教授，他认为塞姆勒的观点是值得效仿的。这些观点让人耳目一新，他说，因为它们与大多数公司管得过多、过死的做法反其道而行；他们很聪明，即"知道什么时候该放弃"。明茨伯格认为那种"变革一向是自上而下的"观点是"极端自负的"谬论，是"英雄崇拜主义的管理"，是独具特色的、美国式的、过分强调采取行动的做法。事实上，如果公司都采取强硬的、自上而下的变革模式的话，也许很少公司会取得成功。相反,大多数公司的变革之所以取得了成功,就是因为它们一开始就在公司的中下层进行小规模的、循序渐进的变革;是这些小的变革措施才逐渐被高层管理者所认同。

明茨伯格说,安然公司(Enron)就是一个典型的例子。它一直奉行的是"张一弛"管理政策。它告诉我们如何提高变革的效率而不至于掉进陷阱里。这是休斯顿的一家能源公司,它只紧紧抓住公司的两项工作:一是日常的操作评价系统;二是风险管理。而其他方面的管理则相对松多了,地区领导有很大的自主权来决定如何做事。

明茨伯格认为最优秀的领导不应该只想着如何进行更多有效的变革,而要像蜂后一样"什么都不做,只是哺育后代和靠发出一种化学物质就可以操纵一切"。而正是那些普通的蜜蜂才整天忙着出去探察环境、为整个蜂群寻找食物、并对蜂巢作必要的修理以使其在发展进化的过程中生存下来。

从某种程度上来说,dot-com 时代传媒绝对希望企业的领导者面对资本市场时表现出一种英雄般的气概。幸亏网络泡沫破灭了:"再也不需要那种英雄般的领导者,也不需要他们那些宏伟的战略。我们只需要一种更为安静的、更加循序渐进的方法来进行变革;我们只需要依靠广大员工的积极性,而不需要自上而下的命令。"

参考阅读

Learning in Action: A Guide to Putting the Learning Organization to Work by David A. Garvin (2000, Harvard Business School Press).

"How We Went Digital Without a Strategy" by Ricardo Semler (*Harvard Business Review*, September-October 2000).

"How Does Change Management Need to Change?" (*Harvard Management Update*, January 2001).

3. 不只是为了幸存 如何帮助员工实现角色转换?

莎伦·德鲁·摩根

3. 不只是为了幸存
——如何帮助员工实现角色转换？
莎伦·德鲁·摩根

如今，一提到有关变革这个话题就有一种新的紧迫感。因为要进行企业重组，要精简机构，还要进行产品组合的转化，因此各级员工都知道他们的工作性质已经发生了变化，他们无论如何要利用相对较少的资源来完成相对较好的工作。

但是，如果管理者过早地对变革话题下结论的话，那么他们也许会忽略了这样一个问题，即他们根本不知道有多少人害怕变革，有多少人反对变革。这就势必会酿成大错，不但会给公司造成巨大的人才浪费，而且还会使公司陷入泥潭。

因此，如何才能帮助你的员工不但摆脱变革所带来的困扰，而且能让他们经过变革的历练而得到重生，过上更好的生活？如何才能帮助他们继续凝结成一股力量继续支持变革，使变革能够一次次地摆脱困境？

归根结底要转变结构，即改变一下变革的话题。

通过运用围绕提出促进性问题的方法，领导可以和员工一道来找出他们反对变革的真正原因，并试着去解决问题：比如观念问题、先入为主的态度以及心理恐惧等问题。这些问题会有助于改变思维方式，并且能够在向新目标迈进的过程当中把个人的努力与团队的努力结合到一起。但是在和员工讨论这些话题之前，领导自己首先应该考虑一下为什么变革进行得如此艰难。

变革激励员工自我定位的方式

一家很大的保险公司的推销员早已经习惯了通过打私人电话的方式来寻找新的客户，这种方式花费很大。因此，公司聘用一位专家来培训推销员，让他们把公司的电话作为最基本的沟通方式，并训练他们只有当顾客有成交意向时再和他们见面。结果公司的销售额猛增。

但是推销员开始反抗了。为什么呢？因为他们日常事务的剧烈变化使他们不得不对自己重新定位。忽然间，他们待在办公室的时间比以前长了很多，这是他们所不愿意的（"我们是区域销售代表。"他们说），他们在电话机旁的时间也比以前多多了（"我们不是电话销售者。"他们说），他们接受的训练也比以前多多了（"我们不需要微观管理。"他们抗议道）。

变革会带来更多变数

在新的工作环境中，员工也许会丧失其原来的地位，也许会不得不与他们不喜欢的人共事，天晓得。他们当然不知道，问题就在于此。

许多管理者认为他们没有时间或没有能力与员工一对一地谈谈他们的恐惧，或者他们根本就不敢这么做。然而，战略转型（Strategic Transformation）的主席泰拉·斯登（Terah Stearns）说："这是管理者真正地成为领导者的一个绝佳的机会。他们需要帮助员工欣然接受变革，交流变革给其带来的痛苦，并找出那些因为害怕变革而退缩的人。"

通过把员工们的顾虑公开并帮助他们解决这些顾虑，管理者就可以围绕以下几个问题群来组织个人会议或小组会议：

看看遗失了什么

以下这些问题可以帮助员工意识到他们在变革发展的过程中遇到了哪些困难。

➢ 对于我们目前的环境你最满意的是什么？
➢ 随着变革的发展，你希望看到有什么不同的变化？

➢ 变革会对你有什么影响？
➢ 对你的工作有什么影响？
➢ 对你和你同事的关系有什么影响？
➢ 对你的业绩有什么影响？
➢ 怎样才能知道你所被迫进行的变革比你所期望进行的变革要多？
➢ 作为一名员工，你如何看待你在整个团队中的表现？
➢ 作为一个人，你如何看待你在整个团队中的表现？
➢ 你如何看待这次变革所带来的结果？
➢ 如果你的角色或是地位变得有些站不住脚了，那你该如何获得支持以减轻问题的严重程度呢？
➢ 你需要这个团队如何有效地工作，而不是单纯地应付工作或只是抱怨？

内部调整

一旦员工意识到他们在团队或是公司文化中起着十分重要的作用，他们就能够理解他们的责任并作出自我调整。

➢ 变革带来了什么样的积极效应？什么样的消极效应？
➢ 你对目前部分变革不是很满意，如果要你接受这一部分，你想知道或了解哪些不同以往的方面？
➢ 你已经具备了使你顺利通过变革的能力了吗？

> 你打算怎样获得你不具备但却应该具备的能力？
> 你需要管理层怎么做才能帮助你通过再学习学到你必须学的东西？

> 如果让你自行解决公司内部存在的问题的话，你觉得会有哪些困难？
> 你想要检验你哪些方面的行为？
> 你打算让你的同事如何帮助你？

必要的联合

如果不能将个人的需求与公司的需求结合到一起，那将会丧失团队协作能力和团队凝聚力。

> 在这一过程当中整个团队应该坚定什么样的信念？
> 一旦团队中所有成员都意识到他们个人的需求如何才能与公司的需求结合到一起，那么你将如何才能意识到整个团队是处于最佳运行状态的？
> 有没有必要在团队发展动态和希望所有人都接受你的观点上做太多的文章？

> 你觉得什么样的警示会危及到你的工作环境？
> 你觉得什么样的警示会危及到你的有效工作量？
> 你愿意采取什么样的行动使你们团队的其他人也能转移危机？

➤ 你需要学习什么样的技能来承担起你的责任以利于整个团队更好地发展？

➤ 你如何支持整个团队进行学习？如何通过变革使公司发展成为一个更加成熟的、更有能力的，而且还有其他方面潜力的团队？

变成现实

这些谈话应该成为一系列小组会议的不可或缺的基础，如果更好一点的话，应该成为回避或者不在场的讨论或决定的基础。

➤ 团队决定怎样采取行动？

➤ 为了能够实施这些想法，整个团队该怎么做？

➤ 团队如何才能认识到问题？如何确定问题？如何寻求帮助？

➤ 当变革接近尾声时暴露出什么样的个人问题？

协作、整合

当一个团队有了解决办法之后，管理层必须得表现出他们在倾听这些想法并愿意把这些想法付诸实践。最理想的做法是，管理层需要运用促进性问题来决定如何操作。

有变革就会有不安,这是毫无疑问的。要使变革成为团队或整个公司的一次有积极意义的经历,最有效的办法就是确保每一个人都受到重视、都被倾听、都在被考虑范围之列。把每一个人都放在一个平等的位置,成功的可能性就会增大,变革也会收到更好的效果。

4．如何对变革管理的方式进行变革

4. 如何对变革管理的方式进行变革

行变革已经变成管理上一项如此重要的责任,以至于每年有大批树木被砍掉用来做成管理变革方面的书籍。这种变革的趋势很可能会持续下去,只要变革尝试失败的几率持续不减——尽管 2/3 的尝试都会失败,哈佛商学院的教授迈克尔·比尔和尼汀·诺瑞亚在其合著的名为《破解变革密码》(Breaking the Code of Change)一书中这样说。许多这类图书都提出类似的建议,因此通常都被略读,而没有被仔细地研究过。但是所有这类图书都有一个最大的优点,那就是从某种意义上来说,都抓住了你的注意力。

建议

接受这样一个事实:变革从来都不是直线发展的

作为一个活的有机体,一个企业的变革情况常常是不可预知也无法控制的，理查德·帕斯卡（Richard Pascale）、马克·密尔门（Mark Millemann）和林达·齐欧察（Linda Gioja）在其合著的一本名为《在混乱的边缘冲浪》（Surfing the Edge of Chaos）的书中这样说道。不要用一个精心设计的办法来解决问题，而要用"以一种接近理想结果的方法来打破这种平衡"，在结果逐渐显现的过程中逐步作出必要的调整。20 世纪 90 年代中期，英荷皇家壳牌石油公司面临着竞争危机：它有过分精炼的能力，但其成本费用过高，因此它的市场份额也在逐渐缩小，输给了一些像沃尔玛这种靠亏本销售燃料和润滑油的巨型超级市场。史蒂芬·米勒（Steven Miller）是壳牌润滑油产品商业委员会的管理部主任。他设计了一个方法解决了这个棘手的问题，即留出一间宽敞的大房间来进行即席演说。米勒不是把答案直接告诉壳牌运营公司的主席，而是帮助这些有权势的高层领导发现如何才能最好地与一线经理保持联系。

使更多的人加入变革的过程

在当今管理变革的范例中，变革的过程是由"平行组织"来监督的，理查德·阿克塞尔罗德（Richard Axelrod）在《约定条款》（Terms of Engagement）中这样说道。这个平行组织包括一个发起组、一个管理组、一个设计组,至少要包括100人甚至是更多,他们来自于一个公司的各个阶层,担任不同职务。但即便这样,其代表性也是远远不够的,尤其是对于拥有超过一万人以上的公司来说更是如此,阿克塞尔罗德说,这会有少数决定多数的嫌疑。这就必定会使员工更加反对变革,也会使变革计划缺乏基本的"系统知识"(关于如何才能建立有效的过程和关系的基本理解)。惠普公司的微电子部门通过直接雇佣全部劳动力,成功地把它的五个相对独立的小组整合成一个制造公司。这个部门的所有300~400名员工都参加了一系列的工作会议。这一系列工作会议彻底改变了大家的看法,改变了顾客关系的哲学,改变了组织结构,也改变了技术加工过程。

密切关注一小撮人的反对意见

在《每次变革一个人》(Making Change Happen One Person at a Time)中,查尔斯·毕效魄(Charles Bishop)提供了一种模式来应对以下四种类型的员工:在变革的关键位置上成长起来的人;那些支持变革并愿意接受新挑战的人;那些不太满意变革但不管怎样还完全执行变革的人;还有一群人,他们极力反对变革,给变革设置阻力,如果没有他们的话,公司会发展得更好。你应该如何同这些人打交道?"医治伤员",

迈克尔·马瑟(Michael Mercer)在他的《绝对让人难以置信的公司变革》(Absolutely Fabulous Organizational Change)中这样写道,帮助那些"真心地想要帮助公司提高、发展、繁荣的员工",但"要压制住持反对意见者",也就是说"开除"那些拒绝加入主流的员工。

所有这些建议都很有价值,但却很零散。如果缺乏一个组织框架来解释清楚变革尝试的原因,那么个人建议就很有可能会被自我放弃。这就是为什么《破解变革密码》这本书提供了宝贵意见的主要原因。这些学术文章的选集把所有的变革计划浓缩成了两大基本类别:E 理论和 O 理论。每一个理论都有其各自明显的优缺点。

E 理论和 O 理论

E 理论最大的优点就在于它创造了经济价值,它经常被表述为增加了的股东价值。变革计划的各个步骤都是由上级部门拟订并监督实施的,而且每一步都提前进行了精心的安排。正如比尔和诺瑞亚所指出的那样,E 理论的领导者把注意力都集中在战略、结构和体制等这些公司的"硬件"上,因为这些因素"可以随时进行自上而下的变革,并能迅速取得经济效益"。经济目标在变革日程中占据着主要的地位,经济上的刺激也经常被用作变革的驱动器,因此要把管理层的利益与各利益相关者的利益结合到一起。而且,E理论的领导者"经常会花数百万美元来雇佣大咨询公司来引进一些他们认为员工们所缺乏的知识和动力"。

O理论并不是反对创造经济价值,只不过它认为只有创造出持续的竞争优势才是给利益相关者带来长期效益的最好办法。其所关注的重点不像培训组织能力那样集中在短期行为上。它需要一个学习型组织,即在某个环境中,员工们在情感上就乐意解决层出不穷的新问题。

E理论是自上而下的,但O理论的特点则是需要高层的参与。O理论不是直接变革有问题的结构和体制,而是努力变革创造那些结构和体制的文化。E理论是高度集中、计划性相当强的,而O理论则相对比较自然些,变革是在公司内自下而上逐渐渗透的。经济刺激有利于解决高度复杂的事情,但却无法对其起到驱动作用。专家的作用也是有限的:他们的作用不是仅仅提供答案而已,而是要建立一个过程,在这一过程当中,员工需要自己分析并拟订出解决问题的办法。

把两种理论的优点进行最佳组合

当公司或部门不得不进行大规模转型时,比尔和诺瑞亚写道,"没有经过彻底地考虑最终的长期结果就贸然采用 E 理论或 O 理论的做法是不可取的,要尽量避免这么做,这一点很重要。"而且,要对这两种理论进行排序:美国通用电气公司的首席执行官杰克·韦尔奇就采用了 E 理论的方法,即采用一种自上而下的方法来使通用的每一个工厂都能达到其同行业数一数二的水平;同时他也采用 O 理论的办法,比如现在比较流行的群策群力法来创造一个无界限的公司。然而该作者说,最好的办法就是"同时运用 E 理论和 O 理论",就像英国食品连锁店 Asda plc 的阿奇·诺曼(Archie Norman)和阿兰·雷顿(Allan Leighton)所作出的尝试一样,他们一方面提高了该连锁店股东的价值,另一方面还提高了该连锁店的组织效率。

许多关于提高变革管理的意见都忽视了 E 理论和 O 理论之间最基本的平衡。比尔和诺瑞亚写道,问题是对这些平衡太过敏感,只有到那时候,你才能找到一些能改善变革计划的方法来使每一种理论所带来的利益无限扩大,而使其缺点无限缩小。

参考阅读

Breaking the Code of Change edited by Michael Beer and Nitin Nohria (2000, Harvard Business School Press).

Surfing the Edge of Chaos: The Laws of Nature and the New Laws of Business by Richard T. Pascale, Mark Millemann, and Linda Gioja (2000, Crown Business).

Terms of Engagement: Changing the Way We Change Organizations by Richard H. Axelrod (2000, Berrett-Koehler).

Making Change Happen One Person at a Time by Charles H. Bishop, Jr. (2000, AMACOM).

Absolutely Fabulous Organizational Change: Strategies for Success from America's Best-Run Companies by Michael W. Mercer, Ph. D. (2000, Castlegate Publishers).

5. 变革审查 一个用来监测公司面临的最大挑战的全新工具

里拉·博思

5. 变革审查
——一个用来监测公司面临的最大挑战的全新工具

里拉·博思

四年前,坐落在明尼苏达州农村地区的一家生产摩托车和摩托车控制装置的制造厂MTI,其产品和服务的声誉让人羡慕。唯一不足的是:公司的主业没有满足顾客需求的变化。用其董事长吉姆·福克(Jim Folk)的话说,MTI曾经是"一家与技术脱节,与任何都脱节的公司,甚至我们的《华尔街时报》都晚一天才到"。他现在可以放轻松了,因为后来MTI能够适应市场的变化,能够为自己创造未来了。事实上,在四年的时间里,其总收入翻了一番,员工却只增加了20%。但是当1994年福克来到该公司时,情况并不那么乐观。"我们的收入订单率以每年10%~15%的速度下降,连续下降了四年,直到我们采取文化变革时情况才有所好转。"他回忆道。

MTI的情况并不是独一无二的。20世纪90年代,市场、顾客优先以及技术方面的波涛汹涌、持续不断的变革使无数公司险些倒闭。像"能对文化进行变革吗？"这类与公司文化有关的话题不再是人们闲暇时所讨论的"有趣"话题，而是生存问题。

变革是生存的口号，作家玛格丽特·惠特利（Margaret Wheatley）这样说道。她写道："它是活的体制不断自我更新的标志。"她的名为《领导力与新科学》（Leadership and the New Science）一书从自然界得到了启示，读起来像是埃德蒙·斯宾塞（Edmund Spenser）为管理者所写的《无常女神诗章》。难道真的有那么多的专家和商业作家对这复杂的变革心理学问题很敏感吗？其中有许多自称是所有人都必须唯命是从的人，他们把变革当做不过是起到润滑作用的一项工作而已。但如果确实是那样的话，那么为什么几乎没有几家公司能够进行大规模的持续变革呢？又为什么没有几家公司能够创造一种文化来继续欢迎变革呢？变革，就其本质而言，是不能平衡发展的，甚至是可怕的。一家成功的公司会抗拒变革，希望坚持按照一个已经证实了的模式发展下去，这种想法也是可以理解的。

虽然是可以理解的，但总归不是最好的。最好的管理思想家告诉我们，如今，在经济高速发展的过程当中，只对目前顾客的需求作出反应、只对目前的竞争压力作出反应是远远不够的。公司必须现在就采取行动抢先进行变革。

在当今社会，人们都比较喜欢能带来立竿见影效果的变革，而创造一种适应变革发展的文化是一个漫长的过程，这种需要长时间才能完成的工作会使人泄气。它需要花费几年的时间才能使公司上下各个级别的人都能接受你的观点，并且还需要有熟练的、精湛的管理才能。即便是公司要进行一次小规模的变革尝试，比如你想引进一条生产线，而不是变革整个公司的文化，那也是非常困难的。这些相对较为适度的变革尝试有望使整个公司氛围因为变革而变得更加活跃，尽管采取前一种方式不一定保证你会收到与后一种方式一样的效果。

　　任何类似于这样的尝试，无论其规模有多大，用一个工具来系统地监督并管理你负责的事情显然是非常重要的。这里就提到一个工具：变革审查，一个有条理的、可以保证变革实施势头的工具。无论是在变革前还是在变革后，它都是一个重要的组成部分。

在变革开始前……

回顾一下公司以前对变革的反应

　　如果你不知道公司以前对变革是什么反应，那么就注定要重蹈覆辙。知道员工对变革持什么样的态度,会使变革过程中可能遇到的障碍更加明朗,这会有助于你想出各种各样的办法来克服这些障碍。在MTI,这第一步暴露出员工对他们的能力感到非常骄傲,因此他们会把反思公司的核心产业理解为谴责他们的基本价值。

尽量倾听广泛的声音,然后在管理层和员工中寻求支持

变革过程必须靠大家的参与才能取得成功。人们需要机会来表达他们对目前形势的评价,表达他们对于变革过程的希望和顾虑,表达他们对于如何进行变革所持的建议。许多公司都从外面请来主持人(facilitator)来评价一下需要进行什么样的交流。请公司以外的人与员工小组一同开会这种办法会比较稳妥,因而可以比公司内部的主持人更能得到直言不讳的答案。只有在心理上完全接受了这些答案之后,领导者才能开始着手使员工参与到他一直在考虑的变革计划当中来。

由于目前采用的都是扁平的组织结构,那么改变协商的谈判就需要整个公司内的管理人员作为全程的参与者参与到这一变革过程中来。"在新成立的公司里,"彼得·德鲁克(Peter Drucker)写道,"需要相互理解和相互对对方负责任。"在MTI,福克外聘了一个专家来做其高层管理组大会的主持人，目的是使他与其他管理者的地位相同，而不是以老板的身份出现。管理组人员一致同意公司的发展方向。董事长的这种为变革负责的做法激发了高层管理者的积极性，同时也使得他们很容易在他们自己部门内部进行授权。事实上，高层管理人员也成为争取员工联合讨论会的关键人物。

只有让员工有足够的动机使他们发挥出全部的潜能，才能使联合讨论会得以实现，只有这样才能使员工对于公司发展更有价值。这种动机可以有很多种表现形式。乔安妮·卡特海（Joanne Carthey）是耐特普罗资讯股份有限公司（NetPro）的开创者，耐特普罗资讯股份有限公司是菲尼克斯（Phoenix）公司的多功能软件生产者。她把相互尊重看做是所有变革的基础。该公司的四个准则都抓住了其适应文化的本质。她解释说："我们许下诺言，我们信守诺言，我们扫除障碍，所以我们感到愉快。"Neutronics是宾夕法尼亚的一家仪器制造厂，它改变了其奖励机制，以培养大家并肩作战的感觉。"我们把高层管理人员和生产工人一起考虑进来，"首席执行官特里·海尔朋（Terry Halpern）说道，"并把他们的报酬与利润联系在一起，而利润则是员工所能控制的。我们同时也建立了管理上的激励计划，此计划建立在新产品的销售额上。"

仔细分析可预见的风险和可预期的收益

在 MTI，对于福克来说，很容易说服员工们相信潜在的收益大于相应的风险。维持现状意味着慢性自杀；要很客观地对企业进行基本的反思。在变革的初期阶段，要尽量争取多数人的同意来进行必要的变革，这一点比采取什么样的行动这样的细节问题更为重要。福克认为变革不但是绝对必要的，而且他还强调变革是可能的，这种乐观的态度是极具感染力的。

对收益和风险的分析也不总是十分明朗的：潜在的危险是值得注意的，需要慎重的考虑，只有经过慎重的考虑才可能使你的计划更加富有成效。但是，即便这种风险可以由收益来抵消，变革也会引起一些员工的恐惧甚至是挖苦，他们会因此而有一种绝望的感觉，甚至觉得变革需要付出太多的努力。在初期阶段，在说出具体的变革战略之前，领导者要表现出对变革充满了极大的热情，这样可以在平衡这些情绪方面起到关键的作用。

决定需要传递哪些明确的信息

为了能够使变革取得成功，你需要把哪些事情说清楚？在 MTI,福克和他的高层管理人员制定了一个战略,使公司朝着其既定的方向发展,然后将其归纳为几个基本的、便于沟通的因素。选出合适的人来传达有关变革的基本信息是绝对必要的:合适的人选可以是在变革过程中有实权的人,也可以是愿意置身于其中的人,还可以是当出现状况时,愿意挺身而出的人。当然,在变革进行的过程当中,你也要提前计划如何才能征求反馈信息,并对这些反馈信息作出反应。福克和他的高层管理人员把这一点又进一步发扬光大了:他们更加关注对"偶发事件的思考",即预测一下也许会阻碍发展的问题,并预先设计出恰当的解决办法。

设计出一份实施活动时间表,并设计出一套绩效评估表

"当制订出明确的变革目标以后,"蒂莫西·J.加尔平(Timothy J. Galpin)在他的"变革中人性的一面"(The Human Side of Change)一文中写道,"执行变革的下一步就是用这些目标来测量绩效。"通常情况下,这是对变革进行跟踪的最难的一个部分,因为这就意味着使每个人都要负起责任来。在 MTI,员工们的业绩是靠他们在多大程度上是高效率的、是具有变革精神的队员这一标准来测量;靠管理者对他们业绩的期

望值来测量,其中包括成功地授权别人(empowerment of others)并成功地建立团队协作。

接下来就是开始变革。
在变革过程中和完成之后,
问以下几个问题

在变革过程中,有没有进行持续不断的、有效的沟通?

千万别主观地认为你知道员工们的所思所想。把员工以小组为单位集合起来;让他们作出评价,问他们整个变革过程是否是大家共同协作才完成的。通常只有在这一阶段,那些有着自上而下管理历史的公司的员工们才开始觉得他们所付出的努力才真正受到重视。反过来,那些认为他们感觉被排除在变革过程之外的员工,显然是在暗示有必要对公司的管理者进行共同协作技能方面的训练。

这一过程带来了什么压力?

把压力当做诊断的指标。在你找出办法来有创造性地缓解这种压力之前,你必须知道压力的存在。

这一过程带来了什么样的明确结果？

这一问题会使公司的可信度更高：在努力变革的过程当中，不断地问这样的问题是值得的。对照着变革过程中的每一个目标，看看取得了多大进步？你还需要作出哪些方面的调整才能提高你的业绩？

庆祝所获得的成功了吗？

在耐特普罗公司，卡特海非常重视获得成功后进行庆祝这一做法。她认为哪怕是承认所取得的一点点成功也会产生惊人的连锁反应。

接下来该怎么办呢？

"即使你所选择的方向是对的，"威尔·罗杰斯（Will Rogers）说，"如果你整天无所事事，迟早你会一败涂地的。"问这样的问题有助于在整个公司内部唤起大家的警觉，苏曼德拉·戈沙尔（Sumantra Ghoshal）和克里斯托弗·A. 巴特利特（Christopher A. Bartlett）在其合著的《个人化的公司》(The Individualized Corporation)中这样写道。"昨天获取成功的模式迅速成为今天的普通智慧，如果不对其保持高度的警觉，明天就很有可能僵化为无法改变的事实。

"流水不腐,户枢不蠹",一项变革审查措施有助于确保你们公司始终处在最佳的状态。

参 考 阅 读

The Human Side of Change by Timothy J. Galpin (1996, Jossey-Bass).

The Individualized Corporation by Sumantra Ghoshal and Christopher A. Bartlett (1997, HarperCollins Publishers, Inc.).

Leadership and the New Science: Learning about Organization from an Orderly Universe by Margaret J. Wheatley (1992, Berrett-Koehler).

Managing in a Time of Great Change by Peter F. Drucker (1995, Truman Talley Books/Dutton).

第三部分 未雨绸缪的变革

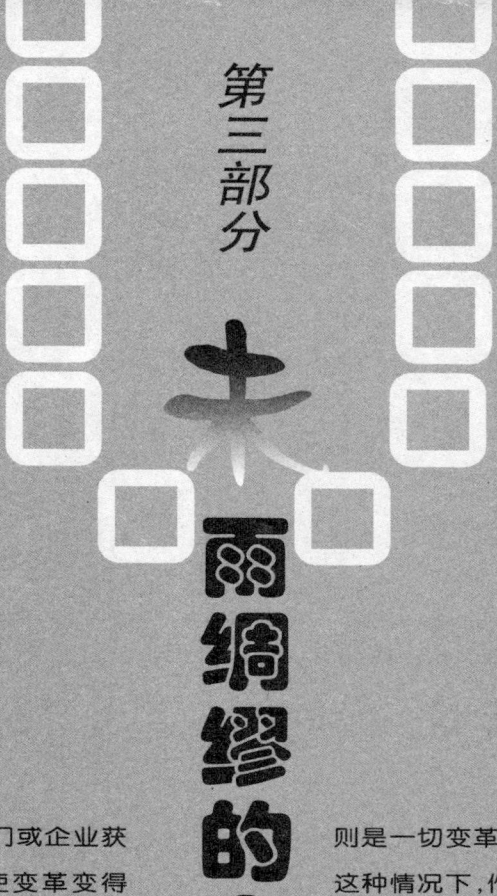

你想要你们部门或企业获得成功,但成功会使变革变得难上加难。尽管你清楚地知道将来变革是势在必行的,但是员工们可能仍然会持怀疑的态度。"如果一切进展得都很顺利的话,为什么要改变我们目前的工作模式呢?"他们会这样问。

成功会导致自满,而自满则是一切变革尝试的天敌。在这种情况下,作为一名管理者,你需要运用一些特殊的方法来驾驭变革。这一部分中的几篇文章给我们提供了非常有价值的指导方针,并列举了几个详细的例子来说明几个成功的大公司的管理者和主管人员是如何在没有任何"火烧眉毛"的紧迫感的情况下进行变革的。

1. 公司被成功禁锢了吗?

洛伦·加里

1. 公司被成功禁锢了吗？

洛伦·加里

1972年，查克·皮里亚德（Chuck Piliod）出任美国固特异公司的董事长，他认为该公司的轮胎技术与最新的轮胎发展技术相脱节。早些时候，当皮里亚德还是固特异跨国经营的负责人时，就预见到米其林的子午线轮胎会迅速占领整个欧洲市场。子午线轮胎是普通轮胎的两倍长，这就大大降低了爆胎的几率，而且与固特异所生产的那些传统的斜交轮胎相比会更加节省燃料。

在皮里亚德看来，很明显，美国的市场也会跟着这么做。事实上到1972年，福特和通用汽车公司早就表示它们将来要使用子午线轮胎这种款式的轮胎。然而，当皮里亚德宣布他每天要为美国市场生产10万个子午线轮胎的目标时，他遇到了巨大的阻力。销售人员认为子午线轮胎不会有很好的市场，因为其造价太高；几个高层管理人员也反对，因为公司在美国的工厂没有合适的设备。

但皮里亚德却坚持这么做。他制订了一个宏伟的计划，包括：把美国和欧洲市场的研究与开发（R&D）公司联合起来，把世界级的设计理念运用到固特异工厂的设备更新上，为那些可能参与新设备设计和维修的员工提供广泛的培训。预计开销为20亿美元。

由于花费如此之高、涉及范围如此之广，皮里亚德清楚地知道一旦固特异开始生产子午线轮胎，就注定没有退路，公司将必须处于持续变革之中。

皮里亚德的计划是一个非常经典的例子，哈佛商学院的教授唐纳德·N. 萨尔（Donald N. Sull）称之为"转型承诺"，即增加组织坚持维持现状的成本，或是降低组织坚持维持现状的可能性的行动。尽管当时固特异在美国处于轮胎生产的领先地位，但皮里亚德认为满足于现状是不对的。固特异已经被成功所禁锢，而且正在与那些能令其保持市场领先地位的革新思想和战略相脱节。

转型承诺不需要有杰出的战略洞察力，也不需要一位有预见力的领导。其力量源于对全套的组织行为和组织文化所采取的可靠的、清楚的、勇敢行为的能力，即把管理者与将来的具体行为联系在一起。并不是每一个公司都需要转型承诺的，但那些发现它们核心地位受到威胁的公司，则有必要使用一些战略来使公司走出老一套、惯用的行为模式。尽管转型承诺必须来自于公司的上层或是商业部门,但是中层管理者也可以为整个计划贡献自己的一份力量。

克服积极惰性

为什么公司成功了,但却犹豫不前了呢?通常情况下,不是因为某些环境的剧烈变化使公司的管理者手足无措(比如技术的变化、消费者选择的变化或是制度的变化),萨尔在他的新书《优秀的承诺》(*Revival of the Fittest*)中这样写道。事实上,他们能够迅速作出反应,不过他们所采取的措施不当,因为他们表现出"积极惰性",即倾向于"通过迅速采用过去曾经奏效的方法,来应对甚至是最具破坏性的环境上的变革",萨尔这样写道。

久而久之,这种曾经帮助公司在残酷的竞争环境中生存下来的、独具特色的成功模式就会变得僵化,曾经是有深刻见解的战略观点也开始成为公司发展道路上的绊脚石。变革过程变成了无须动脑的例行公事,对价值观的解释也成了教条主义。公司的管理者不是去问曾经使这种模式获得成功的逻辑现在是否仍然可行,而是仍然采用这种一贯的做法来对市场瓦解作出反应。

> 曾经是有深刻见解的战略观点也开始成为公司发展道路上的绊脚石。

若要走出这种思想上的束缚,就需要进行强有力的干预。为了能够说明何为强有力,就有必要将转型承诺与相似的概念——催化机制——进行比较。著名的管理作家吉姆·柯林斯(Jim Collins)在《哈佛商业评论》上发表的一篇名为"催化机制:把目标变为现实"(Turning Goals into Results: The Power of Catalytic Mechanisms)的文章。他在这篇文章中提到,催化机制是一种"起激励作用的、非官僚主义的"、可以把目标变为绩效的方式。

比如,花岗岩石材公司是一家销售沙子、混凝土和碎石的公司。它采用了一种短期付费的政策,这种政策"使顾客可以根据他们自己的满意度来决定是否付费或付多少费用,顾客拥有绝对的决定权"。若有哪位顾客感到不满意,认为他不应该支付全部发票的金额,那么他只需写一个条子给公司并解释一下他的不满就可以了。

这个政策"会迫使管理者不断地跟踪产生问题的根本原因",柯林斯写道。但是,虽然催化机制会起到强有力的作用,但并不是所有的催化机制都能够抵制成功所带来的制度化的惰性。然而,转型承诺也有反复的一面,这一点会破坏继续正常贸易的所有计划。皮里亚德的方法,即公开承诺一个有弹性的生产目标,这一方法使管理者完全不可能私下里做任何事情。

转型承诺也有其他几种表现形式:

退出商业

20世纪80年代初期,英国的银行遭受拖欠国际有价证券组合贷款的厄运,而与此同时,英国政府又撤销了对银行业的管制规定。劳埃德(Lloyds)保险社的对手、国家威斯敏斯特(National Westminster)的管理者"通过加速壮大并扩大其经营的多样性来对这些现状作出反应",萨尔写道。但是劳埃德保险社的首席执行官布莱恩·皮特曼(Brian Pitman)先生却采取了一种更加果断、更加激进的方法,他关闭了公司的银行投资业务并彻底退出了全球市场,为的是能够把全部注意力都集中在本土的顾客上来。这样一来,皮特曼就能够如期地兑现其每三年就能够使劳埃德保险社的市场资本总额翻一番的诺言。

使农场朝着一个全新的方向发展

当卡洛斯·西弗特(Carlos Siffert)于1989年当选为巴西工程公司Promon的主席后,他很快就意识到该公司无法再继续以依靠由国家提供经费的基础设施的发展计划来作为其收入的主要来源。Promon 过去所雇用的大批用来完成这些计划的内部劳动力只创造了很低的利润率，这也意味着巴西政府的无能，该公司正濒于破产。西弗特发起了一场运动，他把公司的发展重心由咨询工程迅速转向制度整合和工程管理上，他把这一运动说成是"有目共睹的，也是相当痛苦的"，其结果是把公司员工精简到其 1986 年的 1/3 的水平。到了 1995 年，每个员工的收入已经激增了 15 倍，在那 9 年当中，员工的士气也一直持续高涨。

引入公众监督制度

丹麦的一家名为奥迪康（Oticon）的助听器制造厂的首席执行官拉斯·科林德（Lars Kolind）把新产品的开发过程变成了一个跨越部门型团队，即"各个部门的人员聚到一起共同开发一种新产品，在开发过程中要通力合作，开发完后再解散"，通过这种方式他给公司注入了新的活力，萨尔写道。为了支持这种变革，科林德公开拍卖了奥迪康的旧硬木做的办公设备，并购买了带轮子的办公设备，"目的是使员工们能够把他们的桌子和文件从一个组推到另外一个组"。然后，他让丹麦的新闻媒体电视播放将奥迪康搬到新总部的全过程，公司的办公室不再是相对封闭的。

类似于这样的举动会增加转型承诺的可靠性，向员工展示了管理者会"一直坚持到底，即便是一个商业环境的变革会导致另一轮变革，也不惜一切代价"，萨尔写道。

作出承诺

清晰度对于减少阻力也是至关重要的。转型承诺不一定非得是革命性的：首席执行官洛·葛士纳（Lou Gerstner）把IBM的战略由销售主机转向销售整套机器，这没什么新鲜的。但是，他们确实需要"为已建立起的成功模式提供一种清晰的选择"，萨尔写道。这还有助于你把这种承诺变得更加简单而具体，而且要不断重复这种承诺，然后提供衡量所取得进步的一些办法。

最后，转型承诺需要勇气，萨尔把这种勇气界定为愿意打破现有的模式，而不是强化这种模式，而且还要坚持不懈地、稳步地兑现这种承诺。比如，皮特曼承诺要使劳埃德保险社的市场资本总额每三年就翻一番，就表明其有足够的勇气。

转型承诺不一定非得是革命性的

当然，并不是所有的公司都需要转型承诺。如果你所处行业的变革环境并没有威胁到核心产业，或者说，即使是确实威胁到了核心产业，但你却暂时没有切实可行的、可以选择的行业来发展，那么继续实行现有的成功模式也许是最明智的，萨尔建议道。但如果变革确实威胁到核心产业，而你也确实有一个好的、可供选择的方向，那么这才是转型承诺能够发挥最大作用的时候。

你该如何开始呢？首先，需要选择一个支点，即一个会导引你接下来一系列行动的占支配地位的目标。对于某些公司来说，正确的支点也许是重新制定战略。而对于其他公司而言，也许是更新其资源库，比如引进一种全新的方法论；比如保持一种弹性的关系，在这一弹性的关系当中，你曾向一些关键的利益相关者承诺具体达到什么样的绩效。

萨尔说，自己创造一套全新的价值观来激励员工，这样的例子并不多见，就像麦肯锡咨询公司（Mckinsey & Company）的马文·鲍尔（Marvin Bower）在20世纪30年代所做的那样。那时他把法律界和医学界雇佣员工、提升员工的专业标准整合到一个前身为会计的公司上来。

一旦确定了一个支点，你就需要采取措施来确保这个支点是可靠的，并能得到广泛的理解，然后就开始重组剩下的部门。确定一个清晰的支点会有助于你决定先解决哪个困难。在IBM，销售人员是按地理位置来组织的，他们缺少关于某一具体行业的专业知识，因此变革销售人员在葛士纳所提供的一整套新战略中就受到了优先考虑。

虽然这里所讨论的都是首席执行官该如何采取行动,但如果你是一个部门领导的话,你也面临着作出转型承诺并实施这个承诺的问题。要想获得成功,你必须拥有足够的自主权(要么是离总部的地理位置,要么是离核心业务的距离)。所作出的承诺必须要与公司发展的大方向保持一致,你还必须长期坚持不懈地去兑现承诺。如果你不用借助于公司的力量就能自筹资金来兑现承诺的话,那样更好。

正如萨尔在他的一本名为《乔治·莫索伊与伊什特万·卡毕特尼》(*George Mosonyi and Istvan Kapitany*)书中所描述的那样,壳牌在匈牙利的管理者们取得了变革的巨大成功,他们承诺"增加带有便利店的 Shell Select 加油站的非燃料收入。其具体的做法是:把加油站的管理者变成'迷你'首席执行官,这样的首席执行官有权自己决定卖什么,卖多少钱"。1991年,莫索伊和卡毕特尼的尝试使得其非燃料零售业增加了60%。

参考阅读

Revival of the Fittest: Why Good Companies Go Bad and

How Great Managers Remake Them by Donald N. Sull (2003, Harvard Business School Press).

2. 反思理查德·科佩尔的管理经验　没有紧迫感的变革

2. 反思理查德·科佩尔的管理经验
——没有紧迫感的变革

2002年,理查德·科佩尔(Richard Koppel)被新聘为GTECH公司一个高级技术部门的副董事长。他一上任就面临着一个两难的问题。其总部设在罗得岛州的、主要为彩民创造网络市场并负责管理该市场的公司已经占领了其市场份额的70%,并且股票价格也一路飙升。GTECH公司每天能轻松地进行五亿笔交易,并且还在系统可靠性方面保持同行业领先地位。该公司每年都能进行上百亿美元的交易。

但是,科佩尔知道公司即将遇到麻烦。这家具有21年历史的公司所保留下来的技术都是建立在像Fortran这种越来越陈旧的编程语言基础之上的,而大部分IT技术都已转向基于网络基础。"我们的系统已经过时,变得极不灵活,而且变得高度私有化,"科佩尔说,"我知道即便是我们现在做得很好,将来还是会面临越来越多的、服务于顾客方面的问题。他们的需求在不断发生变化,他们想要更多的、基于网络和Linux

基础上的系统。除非我们开始采用更新的技术，否则将无法迅速变革以满足他们的种种需求。"

科佩尔知道，为了保持竞争力，GTECH 公司必须进行一次重大的变革尝试，这次变革尝试必须旨在对公司的技术平台进行一次彻底的变革。但在科佩尔得到了 GTECH 管理层的大力支持，并得到了大量经济上的支持来资助该计划的时候，他遭遇了来自承担执行该任务的员工的强烈反对。这些员工无法理解在公司目前发展势头强劲的情况下，有什么理由进行一次极具破坏作用的变革。

在像 GTECH 这样发展得很好的公司里，变革的领导者面临着空前的挑战。员工们会问："如果我们发展得很好，那么为什么还要进行变革呢？"如果管理者确实发现了让他们觉得很担心的问题，比如过时的技术或是方法等会在前进的道路上造成很大的问题时，他们经常会觉得，要想说服所有的员工必须现在就把这些问题解决掉，这是很难做到的。毕竟，正如约翰·科特（John Kotter）在他的一本名为《变革》（Leading Change）的书中所阐明的，成功的变革领导者必须得通过一系列具体的步骤来组织变革，首先就是要建立一种紧迫感，每一步都建立在下一步基础之上。因此，如果没有紧迫感，管理者就无法实行随后的步骤，比如创造一个指导联盟，或是制定一个大家都感兴趣的愿景，并把这个愿景传达给每一个人。

> 员工们会问："如果我们发展得很好，那么我们为什么还要进行变革呢？"

反对科佩尔计划的形式多种多样。有些工程师拒绝参加 GTECH 所提供的网络编程课程，声称他们由于公务在身而无暇顾及。有些工程师则根本不相信新技术。然而，尽管反对的声音很强烈，最终科佩尔还是消除了员工不愿采用新技术的畏难情绪。目前，甚至当 GTECH 不是最低投标者，它也会争取到新的合同。科佩尔解释说："当佛罗里达州彩票公司选择了我们之后，它们说我们领先于竞争者'几光年'。"

科佩尔是如何做到既进行了彻底的变革，又没有遭遇直接的危机，而且又达到让人如此羡慕的成果的呢？他采用了五项原则，他认为这五项原则对任何一个想要努力发动一场"预期的而不是有反作用的"变革尝试的公司来说都是至关重要的：

1. 要频繁地沟通，定期地培训

要使你的变革计划无懈可击，首先要反复地说明这个计划的重要性,就像是向公司以外的人解释那样。科佩尔不断在 GTECH 公司的中层和一线管理者中间活动,并向他们解释如何告诉员工新计划的重要性。"当你解释的时候,就像是你在说给你祖母听一样。"他这样说道。在 GTECH 这个例子中,科佩尔用非常直白的语言表达了公司所处的危险境地:"我们将来将无法为顾客提供服务"。他和其他的管理者也曾经到过 GTECH 的国际交流处,去拜访了近 1 000 名开发产品的员工,因为他们会直接受到变革的影响。

　　另外,科佩尔还通过所有可能的沟通和培训渠道把有关变革必要性方面的信息反复地传递出去。比如,他邀请外部专家来发起一个运动,即机构内部的、有关新技术主题的"自带午饭运动"。他邀请升阳电脑(Sun Microsystems)公司、惠普公司、IBM 公司以及其他公司的程序员来和 GTECH 的员工进行"对等的交流"。在公司的局域网上通过电子邮件和文章的形式,或者在定期的员工会议上都要进一步强化变革的必要性。科佩尔甚至实行了"带比萨的理查德"这样的午餐计划,这个计划甚至都强化了他个人对变革重要性的理解。该公司还为公司的局域网开发了一种"流动录像"来解释员工如何才能从变革中获益。"时至今日,我们仍然在坚持这么做。"他说。

2. 设定愿景,然后去"努力实现它"

  显示出你是"认真的",并表示出你一定会努力实现变革。在 GTECH,一些曾经反对变革的人都被迫离开了公司。但是公司"面对强大的压力也伤了元气",科佩尔解释道,主要是雇佣了太多所需技能和态度的新员工。GTECH 也建立了激励机制和表扬机制来鼓励正确的行为。比如,已获得了 Java 和网络程序语言认证的程序员就可以在公司内受到表扬并给予相应的奖金以示鼓励。"表扬会激起一系列连锁反应,"科佩尔写道,"越来越多的人开始上课,他们也变得越来越有竞争意识了。"

  但是科佩尔还建议说,要知道什么时候不去逼迫员工。比如,有些极力反对变革的员工却是那些唯一有相关知识和经验的人,只有他们才能够给 GTECH 市场上目前仍在起作用的老系统服务。公司需要这样的人,工程师也深知这一点。"目前他们是本职工作做得最好的,"科佩尔说,"所以我们决定与某种程度的反对声音和平共存。"

3. 设定边界条件

  要说出你所要进行的变革尝试会带来哪些新的经

营方式上的商业需求,但要让员工自己决定他们如何来完成这些需求。比如,科佩尔给 GTECH 的程序员列出了一个单子,上面写着新的体制所需的各种能力,比如整合第三方软件的能力。然后,再邀请他们来评价一下目前的体制如何才能满足那些需求。"当他们说,'我们已经过时的技术根本无法完成这一任务'时,"科佩尔解释道,"我会问他们计划如何达到那些规定的条件。当你告诉员工他们该做什么,但却让他们自己弄明白该如何操作或者如何开展工作时,你就能够使他们更好地接受你的观点。"

科佩尔在谈论他的变革管理方法时,谈到了混乱理论。"在复杂的、非直线发展的、动态的体制当中,"他说,"混乱中会出现秩序,好多细节是无法预见的。你必须为变革设定初始的条件,并营造相应的环境。但你必须得提供详细的规范,即规定几条铁一般的纪律,以使员工们知道他们该如何行事。"

4. 要勇于承认错误

要彻底调查一下员工们在转型过程中可能会遭遇的各种困难。当你犯错误时,要勇于承认,并愿意改正。另外,要接受这样一个事实,那就是重大的变革都会涉及到许多的不确定性。科佩尔在网络技术方面有着丰富的知识,但他对彩票软件则是个门外汉。当一名员工向科佩尔证明了他一直坚持安装的第三方软件遭遇兼容问题时,他欣然同意放弃这一产品,尽管GTECH为得到使用许可证已经花费了100万美元。"你必须保证当员工给你提出问题时,你不会为难他们,"他说,"要鼓励他们说出所面临的困难,不要因他们指出了你所犯的错误而去惩罚他们。"

5. 调整你的领导风格

要知道什么时候用一种强硬的态度,什么时候用一种更为合作的方法来领导变革。要时刻关注如何最有效地设定成功的条件。"GTECH拥有一种上下一致的文化,"科佩尔说,"因此员工对于对他们采用强硬态度的人都不会介意。有一点很明确,那就是新技术的变革不必公开讨论。但是你不能只通过命令和控制来完成一项重大的变革,你也不可能强迫员工学习他们不愿学的东西。"

为了说服而不是强迫那些反对变革的员工欣然接受变革,科佩尔详细解释了如果不采用新技术会带来什么样的具体后果。通过这种方法,他"小心谨慎地、慢慢地使员工走进他们感到不舒服的领域"。"我告诉他们,如果不进行变革,我们不但会面临无法满足顾客需求这一问题,而且会发现我们越来越难达到政府的要求",其结果是,供应商争取到合同的机会就会不成则败。把话说得如此具体是应该不会遭到反驳的。

3. 坚持到底　福特公司利用沟通实现变革

贝蒂·马顿

3. 坚持到底
——福特公司利用沟通实现变革

贝蒂·马顿

托尼·赞比托（Tony Zambito）是福特汽车公司的一名产品设计工程师。当他最初得知公司打算使其全球业务一体化时，百感交集。Ford 2000 被《商业周刊》称为"震撼这个有着 91 年发展历史的公司底部的一次重大而彻底的变革"。Ford 2000 是 1994 年 4 月首次公布的，那时，赞比托已经在该公司工作了九年。九年的时间还不足以让他也像那些元老们一样对事情有资格持怀疑态度，但却足以使他相信，这无论是对公司还是对他本人而言都是大有裨益的。

"我不知道当时是什么感觉，变革的规模太大了，"他说，"我用了很长时间才明白，这种变革与其他成功的公司所进行的变革是一致的。"

当首次构想出 Ford 2000 的计划时，作为世界第二大汽车制造商，福特的生意是相当好的，其利润和总收入也创下了纪录。但从发展来看，其市场竞争力必定呈下降趋势，除非公司作一些重大的调整。福特意识到必须从多方面对其生产流程一体化作出彻底的调整,并在全球范围内降低产品的成本。这是一个信息,用来提醒那些还不准备变革其所熟悉的、看似成功的商业模式的员工们。

"我们必须使员工们知道:尽管一切看似正常,但事实上并非如此。"交流服务部的经理查克·斯聂力(Chuck Snearly)说,"我们必须传递一种危机感,必须要有机遇感。因此 Ford 2000 的产生就刺激人们不得不改变他们满足于成功的习惯。"

> 福特意识到必须从多方面对其生产流程一体化作出彻底的调整,并在全球范围内降低产品的成本。

1995 年 1 月,也就是在这种想法产生后第八个月,福特采取了第一步措施,那就是重建公司的流程。从一开始,就提倡员工要在流程中工作(work-in-process),这样的员工被高层领导看做是发挥并实施公司全球联盟战略的关键人物。

结果,福特制订了一种多层面、多媒体的交流计划,这个计划曾经是,到目前为止也仍然不仅是传递信息的一种方式,而且也有助于促进变革的发展。由于得到公司开明的高层领导的支持,公司内部的交流组不停地制作出大量的印刷品、录像制品以及电子媒介等,来向员工提供他们所需要的信息,无论是好信息还是坏信息,以使得员工们不至于从外部获得这些方面的信息。

"如果你要谈论消息,你就暴露了自己的缺点,"当时员工交流部的经理贝里尔·古德斯卫格(Beryl Goldsweig)说,"可信度是非常重要的。我们不想通过说公司一切进展得都很好这样的话,来成为公司内部公共关系的代言人。我们知道如何不用相互指责就能处理掉坏消息,我们也知道如何在最终获得成功的情境下谈论失败。"

向上和向下沟通

福特的全球高层领导和管理者经常会一起出席一系列的工作会议,他们应该在传播 Ford 2000 信息方面起到积极的作用。来自于上级的信息应该在面对面的会议上逐级传播下来,目的是使所有员工都能亲自听到来自上级的、他们都有必要知道的消息。

公司鼓励高层领导走出他们的事务部,运用公司交流部所提供的论据来与其他部门的员工进行跨部门的信息交流。为了增强逐级向下传播信息的概念,交流部向公司的 3 000 名全球高层管理者用传真的形式印发了一页名为《内幕消息》(Grapevine)的周刊。《内幕消息》除了刊登一些机密消息以及 Ford 2000 是如何实施的等消息外，还刊登一些正在流传的消息、变革进行到什么程度以及是如何进行的等信息，通过这些消息来促进信息的向下传播。

"《内幕消息》间接地增加了管理者肩上的压力，使他们不得不确保消息一直传达到底层员工那里。"斯聂力说。

随着 Ford 2000 的发展，《内幕消息》从一页传真发展为一个电子刊物。现在它已改名为《洞察力》(Insight)，其发行量和覆盖面都大大增加了，内部版本的信息也调整到具体的位置上。

用实例来领导变革

为了促进直接的、经常性的沟通，同时也为了能够促进双向的信息共享，由实例来领导变革可有多种形式。现已退休的主席兼首席执行官亚历克斯·特罗特曼（Alex Trotman）参观了福特在全世界所有的工厂和办公设备，并召开了面对面的"市政厅"会议，会上他听取了来自员工的问题和他们所提出的建议。福特公司总部每年两次的会议也向全球的其他下属公司播放，然后会通过公开电话解答员工们提出的热点问题。

Ford 2000 的警训

当存在很大风险时，如何促进变革

进行真正意义上的变革。 Ford 2000 绝不仅仅是另一个企业的公关计划，它是在这个大公司内部进行的一次真正意义上的变革。

无论是好消息还是坏消息都要共享。 对于决策者来说，同意进行一次超越企业的快乐的交流是非常重要的，但也是很困难的。如果你无法做到真诚，那就不要开始。

要根据听众来调整信息的内容。 信息必须要根据不同的听众、不同的文化作出必要的调整。要寻找当地的"较有诱惑力的公司"才有助于使例子变得鲜活，比如德国的杜塞尔多夫（Dusseldorf）公司和杜布克（Dubuque）公司。

尽量运用所有可能的技术和媒介。 当来自各方面的信息为人们所熟知时，信息就被强化了，而且也会变得更加可信。比如，工人们会对仅在公司刊物上看到的消息的真正价值持一种怀疑的态度。

从外部学习。 千万别以为你已经听说了，所以其他人也都已经听说了。你必须使你的信息持续不断地被人们所理解、所接受，乃至于使一个大公司上下都能理解。

高级行政人员也会每周一次出现在福特公司内部网络电视上直播的访谈节目中,利用一小时的时间解答员工所提出的问题。公司的记者可自由地对他们进行现场访谈。

"我们尽量提供给员工他们想知道和他们需要知道的信息,"网络电视的执行制片人萨拉·苔芝奥(Sara Tatchio)这样说道,"我们的工作是尽可能地进行沟通,与大家分享每一件事,并使员工真正成为我们这个团队中的一部分。"

但是由于 Ford 2000 的发展速度太快,所承受的压力很大,员工也很难从管理者那里得到内情,因为管理者也不确定到底哪些信息该保密,哪些信息不该保密。

"我们经常会碰到这样的管理者,他们很害怕与别人分享信息,"古德斯卫格说,"你要经过很多次协商才能得到他们的允许,条件是不要让他们写出事实的真相。有时要沿着图腾柱向上爬几步,他们才能知道不但很好,而且知道允许出版这种东西是非常重要的。"

录音存档

1994 年 4 月,当全球联合计划首次在多伦多向 350 名高层行政领导公布时,苔芝奥当场把会议的全程录了下来。她和她的同事们通宵达旦地将录像的内容编辑出来,并在第二天早晨 8 点钟的第一场大会上播放。该会议在佛罗里达州的奥兰多市举行,有 1 800 名来自全球的管理者参加了这次会议。节选的录像节目也准备 9 点钟在网上当场宣布时使用,这次网上直播要传送到全世界 350 家地方台。

在接下来的两年时间里,苔芝奥的团队录制了 100 多盒录像带,其内容从会议的精彩场面到只有五分钟的 Ford 2000 的回放,所有这些录像内容都向员工们公开。

"也许这么做有矫枉过正的嫌疑,但我们高于一切的目标就是要确保员工们以最快的速度知道所有的消息,要比任何人都早知道。"她说。"上级的干劲是非常有感染力的,而且这种价值观不同于你所认为的集体生活哲学。你经常会听到这个词'是的'。我们从来不想让别人认为我们只是制定日程的工具,因此我们就直接让他们回顾准确度,而不是让他们回顾如何措辞,或者是让哪一个人讲讲该如何讲故事。"她说,"Ford 2000 所制造的氛围比以往任何时候都可能实现。"

员工们对 Ford 2000 的支持度是体现在最初每六个星期进行一次,后来每季度进行一次的调查中的。这些调查也有助于确定员工对他们所收到的一系列信息的反应,还包括该公司的月刊《福特世界》,以及其他用来传播有关 Ford 2000 信息的地方发行物。

调查的结果分别按国家和部门记录下来,并在分析之后确定该沟通计划的优缺点。

"进行调查是绝对必要的。如果对你所做的事情不进行评价的话,就不会得到提高。"古德斯卫格说,"我们必须明确我们得到了哪些支持,员工们得到了哪些面对面的信息;我们还必需明确他们是从我们这里得到的这些信息,还是从外部媒介得到的,抑或是纯粹的谣言。"

传递同一信息的不同方式

福特公司希望把源源不断的信息传递给员工,但却遇到了语言和文化的障碍,尤其是在像阿根廷、巴西和委内瑞拉这些国家。福特在这些国家都有生产基地,但却没有相应的传播媒介。迈克·帕里斯(Mike Parris)是大众沟通部的经理,他与福特在拉丁美洲和亚太地区工厂的员工密切配合,来确定 Ford 2000 的信息如何才能通过月报和图文电视系统被传送到车间和工厂,使员工们能在吃午饭和休息的时间看到。

"传递同一信息有很多种方式,我们知道我们必须要灵活,"他说,"把事情的来龙去脉直接播给他们看是没有任何意义的,我们也不能因此而得到一致赞同,我们应共享不同的主题,然后要相信他们有能力把工作做好。"

为了实现这些想法，沟通部的成员应该把他们的业绩与其他公司进行比较，并和主持人开几次闭门会议，集思广议，讨论如何把信息传递出去。

"时间是个大问题，但我们仍会这么做，不用电话，不用开会。"劳伦·塞兹（Lauren Sides）说，她当时是沟通部的经理，"往后退一步，看看是否管用，这一点是很重要的。无论你设了多少个会场，归根结底都要分成小的目标逐步去完成。"

最具决定性的因素

塞兹主要负责建立一个在线网络电视（FCN）。FCN每天都要更新来自美国迪尔伯恩和英国伦敦的相关信息和股票价格方面的信息。到1998年为止，FCN每月会有超过100万的点击率。目前，在线网络电视的节目也被直接传送到所有拿薪水的员工的办公桌前。

"对内联网的使用就像野火一样迅速蔓延，而且成为我们最好的、最便宜的、最迅速的全球沟通工具。"她说。

用来沟通的具体网址已经成为在全球范围内不断创造并传播一致性信息的主要平台。福特在全世界任何一个地方的沟通者都可以从在线网络电视下载背景信息、高分辨率的照片、特定国家产品和市场推广信息，并把它们用于当地的出版物和广播中。

福特现仍在继续向着其目标前进：即把基本的沟通平台数量降低50％；增加不同的沟通平台中的相同部分的数量，以为顾客提供更多的选择。该公司虽然已经报告降低了成本、提高了生产率、增加了利润、提升了股东的价值、增加了市场资本总额并提高了产品质量，但仍在继续推行这种信息政策，并努力寻找 Ford 2000 的反馈信息。

"这个办法曾经是，也将继续是传递信息、传递信息、再传递信息，直到人们对传递信息变得厌烦得不能再厌烦了为止，"刚从福特公共事务部退休的副部长戴维·斯科特（David Scott）说，"那才是人们才刚刚开始得到信息的时候。"

第四部分 变革的有效沟通

在你领导变革的众多战略中,有效沟通是最重要的工具之一。在接下来的这几篇文章中,你会看到大量的建议和战略,告诉你如何表达出一种变革的紧迫感、如何获得对变革的支持以及如何在变革尝试遭遇困境的时候仍然保持强劲的发展势头。

比如,你会看到如何用多种形式来传递信息,包括故事、图片、统计资料和隐喻等,以确保员工能理解你的愿景,这是驾驭变革的第一步。你还会发现有许多图表示例,告诉你如何才能使变革的信息变得更加显而易见,甚至是触手可及,以发挥其最大的效能。你还会发现你需要向员工传达什么样的信息以及什么时候传递这种信息,才能使你成功驾驭变革。

1. 变革沟通 来自专家的12条建议

丽贝卡·桑德斯

1. 变革沟通
——来自专家的 12 条建议

丽贝卡·桑德斯

一般情况下,变革计划从来都不是通过一个计划就能取得成功的。它们或者无法成功地实现变革,或者计划本身就缺乏系统性。在最终导致混乱的所有因素当中,最重要的,也是最容易被忽略的一个群体就是:员工。为什么记录会这么差?第一个教训:千万不要指望通过宣布什么所谓的"宇宙大爆炸"来说服员工一致同意,这是远远不够的。

现有的沟通渠道也不足以报道变革发展的全过程。这些渠道通常会破坏围绕变革计划所营造起来的那种情绪高涨的氛围。

现在的员工比以往任何时候都更渴望得到答案、渴望得到信息,普里契特培训机构(Pritchett & Associates)的一位变革管理方面的专家普莱斯·普里契特(Price Pritchett)这样说。当他们得不到他们想要的信息时,就会转而相信一些流言飞语。普里契特援引了一项研究数据,即一个单位大概有 20% 的员工从一开始时是对变革持支持态度的；其余的，要么是保持中立的(50%)，要么就是雷打不动的反对者(约占 30%)。就是要针对这 80% 的人进行沟通。威廉·布里奇斯(William Bridges)是《管理转型：最大限度地利用变革》(Managing Transitions: Making the Most of Change)一书的作者，同时也是财富 500 强公司的顾问。他发现通常情况下，一项变革计划原来旨在增强公司的实力，但事实上却削弱了公司的实力，因为当管理层确实需要他们时，他们却因为拒绝变革或痛恨变革而被迫离开了公司。为了杜绝这种情况的发生，布里奇斯说，管理者需要尽全力在整个变革的过程中与他们进行有效的沟通。他最终确定了管理者需要问两个关于沟通的问题：

➤ 我是否呈现出一幅关于要进行什么变革、什么时候变革、怎样变革以及为什么要变革的清晰的画面？
➤ 仅仅依靠原来的沟通渠道来传播或接收信息就足够了吗？我需要创造一些新的渠道吗？

　　以下是专家提出的关于如何进行变革的 12 条建议。

1. 详细说明变革的本质

　　一家名为博申邦·格雷茨(Boxenbaum Grates

Inc.)的沟通公司董事长兼首席执行官加里·格雷茨（Gary F. Grates）说，口号、主题或几条短语都无法明确表示出变革到底要达到什么目标。相反，要传递一些关于变革的具体信息，比如要怎样变革才能满足顾客的需求，怎样变革才能提高产品质量、增加市场占有率、提高销售额或是生产力。格雷茨说，"变革必须要有一个明确的、清晰可见的目标：对于企业而言，要成为同行业的第一或第二名；对于公司而言，要增加20％的收益；对于部门而言，要把交货时间缩短到两天。"

2. 要解释变革的原因

员工们常常搞不懂公司变革背后隐藏的商业原因。凯普纳-特里戈（Kepner-Tregoe）公司咨询服务部主任阿伦·布拉什（Alan Brache）认为，之所以这么做是因为变革宣布者花太多的时间用来研究那些永远都不会发生在他们身上的事情，结果导致员工们都不太了解他们的意图了。除了要讨论怎样促进变革外，管理者们还应该在作最后的决定之前，与员工们一同分享种种被考虑和被放弃的选择，布拉什说。

3. 即使是坏消息，也要让员工们知道变革涉及的范围

有些变革也许会影响公司一小部分人的利益，然而有些变革也许会影响到所有人的利益。无论是哪种情况，都要经过慎重考虑。你可能会受到糖衣炮弹的袭击，但千万不要屈服。约瑟夫·吉本斯（Joseph Gibbons）是美世咨询公司（William M. Mercer）纽约办事处的一名顾问，他建议道："如果有人要下岗，那就说出来。如果公司要廉价出售一个部门，那就要让员工们知道。"一个公司的管理者觉得他不能告诉员工他正在寻找新的买主，原因是这样会"扰乱军心"。但是，当真相大白时，仍然会扰乱军心。"谣言比事实更可怕，因为员工会根据公司被购买之后就有下岗的历史记录来猜测。"

4. 重复、重复、再重复变革的目的和预备实施的计划

如果最初宣布变革时并没有人提出什么问题，也千万不要认为员工已经接受了变革的计划，那仅仅意

味着这种宣布来得太过突然,《变革的四种层面》(*The Four Level of Change*)一书的合著者之一理查德·沃思(Richard Worth)这么说。一旦员工们回到办公桌前,他们的顾虑就来了,这时候就要充分发挥沟通的作用了。开完第一次会就紧接着开第二次会,然后就是第三次会,以此类推,用这种方式来与员工保持持续的对话。"员工们能接受坏消息,但他们却无法忍受半信半疑,"拉金沟通顾问公司(T. J. Larkin)的董事长,也是《沟通变革:获得员工支持新的商业目标》(*Communicating Change: Winning Employee Support for New Business Goals*)一书的合著者之一,拉金这样说,"半信半疑会使公司垮掉。"除了反复重复之外,拉金还建议把沟通分成"小块儿",以便使计划的内容更加清晰、明了。

5. 运用图表

在记录纸或是投影仪上画上手画的图可以使企业重组的意图更加明了。无论新的公司看上去像正方形、三角形或是一只巨大的变形虫,这些图都会帮助员工对新的公司有个更加形象的印象。当美国西尔斯百货连锁公司(Sears Roetruck & Co.)的管理部门决定重振公司昔日雄风时,它在小组会议上采用了

"学习图表法"来说明零售市场的发展趋势,并通过这种方式来说明公司进行变革的必要性,人力资源规划与发展部的副部长史蒂芬·P.科恩(Steven P. Kirn)这样说道。

6. 保证双向沟通

在地方层次的小型、非正式的会议会使管理者洞察到员工的顾虑,并能使管理者推断出在公司内部可能会遇到多大的阻力。布拉什说,在这些相互作用的过程当中,我们会发掘许多更好地实施变革计划的办法,因为这样的小组会能使管理部门倾听员工的心声,并对他们的建议作出反应。

对于一线员工而言,拉金强烈反对采用大型会议的形式,他称之为"宇宙大爆炸的沟通方法"。相反,他提倡采用小组会议的形式,因为这样你可以和员工真正地谈论有关变革的事情。大型会议还有一个潜在的危险,那就是边缘组或对变革充满敌意的小组有可能会扰乱大型会议的秩序。

沃思说,"变革只发生在感性层面而不是理性层面,由员工参加的非正式会议会使员工无论是在心理上还是在思想上都有可能将变革最大限度地进行下去。"

7. 要有目标总监

所有的专家都说总监在制订企业变革计划中应该扮演着十分重要的角色，但拉金又把这一观点进行了升华，他建议总监应该从一开始就把变革的本质和必要性传递给大家。

拉金回忆道，在一家位于国外的石油公司，总监们在进行一项重大变革之前参加了一系列持续半个小时的简短会议，这一重大变革涉及到维修业务，其中也涉及到裁员问题。之后总监们也要谈一谈他们对于变革有什么顾虑。他们的回答被匿名地编辑成一个意见报告，然后交给了管理组，管理组再尽可能地将这些意见考虑到计划当中。然后，最终的计划被拿来与总监们一同讨论，并由总监负责向员工解释有关变革的情况。管理层也印了一些变革的小册子，以此来指导总监和员工之间进行面对面的讨论。

8. 用新知识来支持变革

欧文斯-科宁(Owens-Corning)公司的几项调查研究结果表明，把公司的销售方法转变成重视价值观和关系就能提高公司的销售额,公布这一结果的时候,员工可以通过培训来逐渐建立起对新方法的信任,公司学习和发展部的领导约翰·麦林(John Mallin)回忆道。麦林说,"该培训回答了这样一个问题,'为什么要改变我一直以来都在使用的销售方式?'有效的学习包括以下几方面的因素:要意识到你必须进行变革;要接受这个事实;要为变革作出努力;第四个也是最重要的一个,要教会他们达到理想目标所应具备的相关能力。"

9. 指向真正的过程

格雷茨回忆道大陆航空公司的董事长兼首席执行官格雷格·布雷尼曼(Greg Brennemen)是如何发现员工们并不相信公司的变革计划有任何意义的,直到他指出了如下事实:即所有的飞机都已经被涂过漆了,所有的地毯都给换过了,各航站楼的照明也都全部改进了。直到那时,员工们还认为这一切都是花言巧语。

10. 不要把沟通只限于会议和印刷品上

因为电子邮件已经取代了纸张而成为公司内部

沟通的主要方式，所以有些管理者和员工甚至都不必看纸制的便函或是报告。用电子邮件发出的紧急信息增加了阅读的可能性。在欧文斯-科宁公司，由首席执行官每周以电子邮件的形式向业务经理发布一次信息，然后再由业务经理通过电子邮件逐层向下传递。另外一家公司则录制了录像在自助餐厅里循环播放。吉本斯说，"如果你想吃饭的话，那你就必须得听。录像会如实地向员工呈现事实，而不是虚假的谣言。"第三家公司则向管理者和员工们分发录有变革内容的盒式磁带，以便他们能在上下班的途中听。

11. 建立关于变革的信息流，并使之制度化

马克·奇尔德斯（Mark Childers）是冠军国际（Champion International）公司的组织发展与人力资源部的高级副董事长，同时也是《揭密：冠军国际十年变革》（What Works: A Decade of Change at Champion International）一书的合著者之一。他准备用10年坚持不懈的努力来保持这家已有100多年历史的公司的竞争力。该公司准备用系统的方法来应对挑战，为此成立了一个跨部门小组，对信息如何在公司内部流动

进行了研究。该小组发现,原来制造厂之间根本就不交流,这说明它们之间没有相互学习。这样,在为了能够达到信息共享而召开几次会议之后,真正意义上的沟通开始了,尤其是当给最好的践行者提供笔记本电脑时,情况变得异常火爆。"由于人们争相交流工作上的经验、想法和疑问,结果居然把网络堵塞了。"当公司对网络增容后,员工相互学习的机会大大增加了,最大程度地进行实践行为已成为公司制造业一个持续发展的目标。

12. 亲自示范变革

"说一套做一套的管理者绝不能只靠语言来沟通,"员工管理沟通卓越学院(Institute for Excellence in Employee-Management Communications)是一家组织有效性方面的智囊团,其创始人兼主席格雷茨提醒道,"一般情况下,公司进行变革时都是命令与它们的行动不符。就是这一点催生了呆伯特行业。因为行动是最有说服力的,所以员工们都很沮丧,相互之间也不十分友好,他们根本听不进去管理层所说的话。"最值得的做法就是:"语言和行动要与变革战略保持高度一致,要知行合一。"

参考阅读

Communicating Change: Winning Employee Support for New Business Goals by Sandar Larkin and T. J. Larkin (1994, McGraw-Hill).

The Four Levers of Change by Richard Worth and Peter L. Brill (1996, AMACOM).

Managing Transitions: Making the Most of Change by William Bridges (1991, Perseus Books).

What Works: A Decade of Change at Champion International by Richard Ault, Richard Walton, and Mark Childers (1998, Jossey-Bass).

2. 你作好顶线收益增长的准备了，员工呢？

安吉莉亚·赫林

2. 你作好顶线收益增长的准备了,员工呢?

安吉莉亚·赫林

当美国经济仍然显示出强劲的发展势头时,许多公司开始纷纷把注意力更多地投向顶线收益(Top-Line)增长,而不再是节约成本上。将观念从节约成本和紧缩开支转向投资—增长这一模式上来需要有一个完全不同的定位,这种转变需要领导的再次关注和沟通,需要领导们要求员工以一种全新的方式来解决优先发展权和资源问题,畅销书《管理转型:最大限度地利用变革》的作者兼顾问威廉·布里奇斯说。

"这不仅仅是公司战略的变革,也是制度以及深层次习惯、想法的变革。"布里奇斯说,"你可以公开宣布你想要投资、想要快速增长的想法,但不会达到理想的结果,除非你清楚地知道,当你要求员工们改变他们在过去多年中一直都已经习惯了的工作方式而开始以一种全新的方式工作时,意味着什么。"

管理者既可以使变革平稳进行,也可以加速变革的步伐,布里奇斯说,但前提是必须得明确一点,就是成功的转型需要经过三个阶段,他称做:结局阶段、调整阶段和新的开始阶段。

"转型和变革不是一回事儿,"布里奇斯说,"对于变革而言,你所关注的是变革的结果。但是除非领导本人也经过了角色的转变,否则变革将不会有任何结果。转型的起点不是最终的结果,而是结束过去,即你和员工必须尽全力与旧环境断绝一切关系。"

从结局处起步

布里奇斯说,当首席执行官宣布要进行战术上的转变时,比如重新关注增长,领导们就必须得注意,这实际上就等于让员工告别他们所熟悉的领域。虽然这不像宣布下岗那么痛苦,但这种变革仍然需要心理上很大程度的转变,甚至会因此而遭遇阻力。

"如果你要进行真正意义上的变革,就意味着要让你的员工不再遵守现行的一些指导思想和规章制度,"布里奇斯说,"你要告诉他们,过去所认可的一些行之有效的做法从现在开始已经逐渐不管用了。你也可以这样告诉他们,要走出'不求有功,但求无过'这种局面,如果这种局面过去一直被认可的话,那现在就变得可怕了。比如,过去一直推崇节约成本的管理者,现在就不如那些大踏步前进的变革者更受欢迎了。"

在这一阶段,领导者要做许多重要的沟通工作,布里奇斯说。首先,要把问题摆出来:尽可能通过各种形式的讨论会来讨论变革的原因以及若不解决这一问题所要付出的代价。很重要的一点就是:要整理一个一分钟的演讲来说明变革是关于什么的以及为什么有必要进行变革。这样不仅可以使问题在你的头脑中变得更加清晰,而且当一次又一次地重复这样的演讲时,能够保证其前后的一致性。

其次,领导者还必须使员工明确该放弃什么。如果不能做到这一点的话,布里奇斯说,"那事后他就会发现,员工们并没有真正地摆脱过去的影子,而且会发现员工们早就应该重新开始了,但却因为陷在了转型过程的泥潭中而无法前进。"

在这一阶段,领导者应该更多地用实际行动进行沟通,而不只是通过语言来沟通。用一种全新的、公开的方式来分配空间和资金,比如重新任命一个一直以来都对变革持举棋不定态度的人来做领导,或者是举行个仪式或是庆祝活动等等,这些都可以使得结局更具有戏剧性,他说。

对于阻力或问题的反应不要过激:要反复地传达同一个信息。

"记住:在结尾时,人们仍然渴望得到信息,虽然令人啼笑皆非的是,他们有时也糊涂,会一遍又一遍地问。"布里奇斯说。同样,你也必须记住,这意味着他们正在为试着学习放弃那即将逝去的过去而在转移他们的注意力。这是需要耗去相当大的精力的。

调整阶段

"调整阶段,即在旧的行为方式和新的行为方式之间徘徊的那个阶段。这也是最困难的一个阶段,因为没有固定的立场。员工们会问:'你说过原先的方式不起作用了,那么什么样的方式会起作用呢?'"布里奇斯说。

比如,一个公司要实行增长战略,但是领导们也不知道他们的战略是否奏效,他们也无法确定哪种投资会赢利,或者他们也无法准确地知道要进行什么样的重组或是变革。也许会同时实施多个计划、发出多个综合的信号来说明已经开始实施计划了。

"这个时候正是员工们比较困惑的时候,因为规则的制定还在商榷之中。"布里奇斯说。

但调整阶段可以为尝试新事物提供条件,这倒是个好消息。布里奇斯说,对于领导者来说,如果他们表现出很愿意尝试一些冒险行为,并经常问他们自己和员工:"有没有别的什么办法可以把事情做好呢?"这一点对于一个领导者来说至关重要。

> 尽可能通过各种形式的讨论会来讨论变革的原因以及若不解决这一问题所要付出的代价。

"这是一种完全不同的沟通方式，它不同于'做好你的工作'或者'让我们更具创造性'，"布里奇斯说，"这段时间是把'我们如何才能完成这个工作'这个话题持续下去并保持其完整性的最佳时机。这与组织安排有关，也是这种战略成功与否的关键。"

布里奇斯认为许多管理者在这一阶段都会感到无所适从，部分是因为"他们处在许多不同的层级，很难知道如何才能把工作做好的众多关键环节"。

"当你读到关于人们成功实现了大规模转型的报道时，他们多数是处于起步阶段，"布里奇斯说，"正好利用这段时间帮助大家更好地控制环境，使他们知道他们正发生着怎样的变化，并使他们感觉到他们不是孤军奋战。"

这段时间也正好可以弄清楚新的优先考虑的事情是什么，并用榜样和奖励来加以强化。同时也可以利用这段时间来给人们设定一个即将要完成的短期目标。"现在也是一段人们比较容易泄气的时间，因为看起来似乎没有什么了不起的事情发生，"布里奇斯说，"要让人们有一种成就感，这一点是至关重要的，即使你不得不破例作出一点让步。"

新的开始阶段

"你需要牢记：作为一名领导者，你应该先于跟随者很多而早早地进入一个新的阶段，"布里奇斯说，"你比他们更早知道了变革，你看得比他们更远，你比他们更熟悉可供选择的办法；你的身份也与他们不同，不像他们那样与以前的做事方式仍有着千丝万缕的联系。"

这就意味着管理者在传递信息时要有连贯性，并要注意是否与自己的言行相一致，布里奇斯说。强化变革的概念是十分重要的：不要一方面竭力鼓吹团队协作精神，而另一方面又公开表扬个人奉献精神；不要一方面竭力鼓吹冒险行为，而另一方面又奖励不犯错误；不要一方面竭力鼓吹信息反馈，另一方面又对那些敢于发表意见的人进行惩罚。

你还要记住：整个公司的人对变革的吸收、理解的速度和风格是不尽相同的。"转型的过程并不是协调一致的。"布里奇斯说。

这就是为什么领导们要反复谈论已经计划好的变革目的是什么、变革后的结果是什么样的以及变革会给人们什么样的感觉等问题的主要原因。他们还要把达到最终结果的每一个阶段性计划反复向员工描述。

成功的领导者不会忘记要逐一与员工进行沟通，布里奇斯说，他们也不会忘记要集中讨论一下每一个员工在达到这一结果的过程中所应起的作用。即便这样，许多员工还是会有种被排除在外的感觉，他们还是会觉得重新开始是很难的，他说。

布里奇斯建议，领导者还应建立转型管理团队，以便能够保持沟通渠道的畅通，并能够使人们从一个全新的视角来对待当公司走出调整阶段、面临重新定位时所遇到的问题。

"当人们在类似于转型管理团队这样的组织里发挥一定的作用时，他们就至少会默默地参与到结果当中，即意味着他们接受了变革，并为变革贡献出了自己的一份力量，"布里奇斯说，"在多数情况下，成功的结果在于七分投入，三分战略。"

3. 反思霍华德·加德纳的管理经验　变革思维的战略

劳伦·凯勒·约翰逊

3. 反思霍华德·加德纳的管理经验
——变革思维的新战略

劳伦·凯勒·约翰逊

你有了一个让人感到非常振奋的新想法,你认为它肯定会给公司带来巨大的利润。这个新想法也许是具有突破性的产品线,也许是能够提高公司绩效的新方法。你的思路非常清晰,但是当你直接用报告的形式呈现出来,或是告诉你的同事,或是告诉你的上级领导时,却遭遇了反对。有的人会质疑这种想法实现的可能性有多大;有的人则会担心所付出的代价和所投入的时间是否会得到回报;还有些人,似乎最初对你的建议很感兴趣,但接下来却没做任何事情。你想知道如何才能获得相互协调的团队协作,以便把你的想法付诸实践吗?

霍华德·加德纳(Howard Gardner)是《变革思维:变革我们和他人思维的科学和艺术》(Changing Minds: The Art and Science of Changing Our Own and Other People's Minds)的作者,他解释道,我们发

现我们变得越成熟，就越难对新思想持开放的态度。我们的世界观僵化了，这使得我们特别不愿意接受一些全新的想法。当我们接受了一种新思想后，如果经历了不快，那么阻力将变得越来越大。比如，如果以前采用的一种全新的为顾客服务的战略遭遇了失败，那么管理者和员工以后就会有意回避类似的建议。正是由于这样的原因，一直在为他们的新思想寻求支持的领导者就不能一味地依靠一种方法来达到说服的目的，他们应该谨慎地采用一些策略来打动各个不同的群体。

经常用多种方式说出想法

在《变革思维》一书中，加德纳介绍了七种突破新思想阻力的方法。其中的几种方法，比如，拿出有说服力的数据，获得听众的信任等就为大多数说服者所熟悉。但是其中的几种方法就远不是凭直觉能想出的，甚至是对于经验极为丰富的沟通者也是如此。加德纳说，"许多人都错误地认为只把他们的信息传递一次就会使观点更有说服力"，然而，无论你的想法有多好，无论你所传递的信息多么地有说服力，"你都需要反复多次地表达你的想法，以此来强化其在听众头脑中的印象"。

因此，加德纳提倡他所称的表象式重新描述这种方法,即用多种形式来提出你的建议。这些形式包括讲故事、数量大得惊人的信息、插图或卡通描述、幽默、演示和模拟,生动地描述出这一系列过程是多么的诱人或者恼人,最重要的是,要把这种信息时刻体现在你的行为中。加德纳认为,通过多种形式来传递你的信息,"你可以增加听众理解你的想法的机会"。听众对你的想法理解越深,他们就越能够最大限度地摒弃那些根深蒂固的想法,从而欣然接受新的想法。

运用表象式重新描述看起来更直接一些。但为了能够尽可能地从中受益,管理者必须巧妙地运用这些方法。

引导到一个相对较熟悉的问题上

假设你刚刚参加了一个会议,了解到一个很有诱惑力的新技术,而你们行业的许多公司都已采用了这项新技术。你认为为了保持公司的竞争力,本公司也应该采用该技术。但你也清楚地知道,采用这个技术在初期一定会花费巨资,所以已经准备好承受来自各方面的阻力。你如何运用表象式重新描述法来说服公司的管理者考虑采用这一新技术呢?

七种变革思维的方法

在《变革思维》中,霍华德·加德纳提出了说服别人接受新思想的七种方法:

1. 理由:把与新想法有关的、可考虑的因素都摆出来,包括该想法的优缺点。

2. 调查:提供与你的想法有关的各种详细信息、数据、资料。

3. 共鸣:基于详细的记录、有效的描述和对听众的了解,你和你的想法就会有说服力。

4. 表象式重新描述:通过故事、统计资料以及图表等各种各样的形式来传递信息。

5. 资源和鼓励:利用各种资源向大家展示你的想法的价值所在,并鼓励他们接受你的想法。

6. 时事:留心时事,只要可能,利用这些事件来支持你的想法。

7. 阻力:要投入相当大的精力来确定反对你想法的最大阻力是什么(包括显性的和隐性的阻力),并努力直接或含蓄地缓和这些阻力。

加德纳建议,不要简单地把统计信息、材料和其他各种形式的会议资料草草地拼凑在一起。相反,要用

中性的叙述把这些混杂在一起的进行整理，帮助听众客观、轻松地评价一个合理的、熟悉的问题。比如，你可以这样说，"想想我们是怎样由于顺序处理错误而在上个季度失去了那三个顾客的？至于为什么会发生这样的事儿，我有一些自己的看法。"然后解释一下失误的原因。

这种叙述结构，加德纳说，要比直接叙述你是如何参加会议以及在会上都了解什么，会收到更好的效果，这就类似于说，"我知道一些你所不知道的事情"。

发挥对比作用

事实证明，情节比较这种方法也是非常有说服力的。我们再回到参加会议这个例子上来。加德纳说，你可以让听众确定一下关于公司进行重大变革的一些想法。也许管理者和员工都比较倾向于维持现状，因为人们担心随着大规模变革的实施，先前曾经发生过的大灾难会再次发生。事实上，人们正用一种微妙的方式告诉自己和别人："我们应该尽量避免用昙花一现的办法来解决问题。"不是这样吗？

现在，设法促使你的员工去设想与现有观点形成鲜明对比的那些新观点。这种困难宣传鼓动的反响就可能包括："这种新技术是将来的发展潮流"，"如果跟不上时代的潮流,我们就会退出商业圈",或者"我们要不惜一切代价走到竞争对手的前面"。

通过引导听众主动形成这种思维方法上的比较,你可以帮助他们摆脱旧观念的束缚,转而接受新思想。

了解听众的智能

在《变革思维》中,加德纳叙述了人的聪明才智可以在许多方面得以体现。其中包括:语言能力(有很强的口头表达能力和书写能力)、数理逻辑能力(知道事物之间的因果联系和数字信息)、空间能力(可以在头脑中形成并运用空间概念)、身体运动能力(用身体或极好的运动技能来解决问题)、人际交往能力(与别人有效地工作并影响他们)。

为了选择正确的表象式重新描述法,要努力辨别出你的目标听众的智力类型,这需要用心观察。问问自己:谁最有可能了解顾客的需求?关于新思想,谁读到的最多,谁谈论得最多?谁对真实的数字信息的反应最敏感?谁不抗拒展示新产品?

你也可以通过非正式的专题小组来了解更多有关听众智能方面的情况。问问参与者他们倾向于如何解决问题以及如何学习。请他们说明一下,为什么他们不了解别人提出的新思想,并让他们解释一下为什么

沟通会无济于事。

"如果个别听众对新思想持不同看法,你可以从中学到很多东西。"加德纳说。

然后把你的研究结果应用到实际当中。比如,假设你提出一个新的为顾客服务的计划,而有些员工在人际关系方面的能力突出。在这种情况下,你可以让这些员工去调查一下关键顾客对你们公司的态度,以此来帮助他们看到实施该计划的紧迫性。对于擅长身体运动能力的员工,可以把他们放在产品终端用户的位置上,以使其能够在第一时间感受到与顾客接触会遇到哪些问题。对于擅长数理逻辑思维的员工,只要你把不实施该计划的后果说出来就可以了。只要把实施计划的紧迫性与相对较美好的现实进行比照,包括绝对的赢利数字,就可以使公司改善其为顾客服务的质量。

利用资源

并不是每个人都适合或擅长用表象式重新描述法的各种形式进行沟通。如果你在哪种形式上较弱,就要寻求相关帮助。比如,加德纳建议,可以让一位擅长讲故事的同事在部门或小组会上说出你的想法,而让另外一位擅长写东西的同事帮你给公司的业务通讯写一篇稿子。

你的目标是什么呢？就是利用各种各样的形式把极有希望实现的想法不断地讲出来，使别人能够理解它、记住它，最重要的是要让人们接受它。

4. 将沟通作为变革的工具

斯蒂夫·罗宾斯

4. 将沟通作为变革的工具

斯蒂弗·罗宾斯

姆·华莱士(Tim Wallace)知道他有麻烦了：顾客不但抱怨他们按订单定制产品的送货，而且对员工对订单缺少反馈感到不满。他知道有必要进行一次重大的变革，但他不确定这样做是否会在内部导致又一次不满的抗议。

因此，华莱士决定采用另外一种办法，即给一个不满的顾客拍摄一段录像，记录下他和公司打交道过程中所发生的不愉快，以及他要求改善服务却受挫的经历。最后，这一长度为15分钟的录像在一系列小型会议上先后播放给了400名工厂员工。

"一些人就哑口无言，"华莱士说，"少数人不以为然，但多数人则说，'对此我们必须得做点什么，我们必须要做点什么。'"

华莱士的录像像是一个催化剂，它把员工和管理者的注意力集中到多年来都无人能够解决的一个问题上，他说。但是这个录像也是一个典型的例子，它说明了沟通在变革尝试中起着非常重要的作用。一些专家认为,这是领导者打算对公司进行变革时经常忽略的一个关键因素。

"变革与沟通是紧密相连的。"丹·科恩(Dan S. Cohen)说,他和约翰·科特(John P. Kotter)共同收集了许多关于华莱士和其他几位成功领导变革人士的故事后,合编了一本书,名为《变革的本质》(*The Heart of Change*)。"我曾不止一次听到有领导者抱怨说,'我说过这是我们要做的',但是到现在也没有这么做。"

"最后,恰恰就是沟通和情绪",即员工从个人角度作出反应的能力,"是支撑变革紧迫性的关键,它需要不断地充电。变革不是50码赛跑,而是马拉松。"

科恩和其他几名专家说,与员工沟通变革的必要性和紧迫性是非常重要的,这样可以使他们充分了解变革计划的内容。只靠上级下达命令、下发文件是远远不够的:附带有具体例子的清晰信息可以把员工所有的精力都集中起来,以备进行一次新的变革尝试。传达信息的人应该一直活跃在一线,反复强化这些思想,并在信息反馈这一环节起到关键作用。多数变革尝试的信息都明确表示其所要达到的理想结果,而这恰恰是大多数沟通所没有达到的。如果想在公司内部进行持续的变革,那么管理人员就必须与员工保持持续的对话,因为员工会告诉他们每天都做了什么,没做什么。

使信息更加显而易见

"各个单位都有复杂的、高度发达的免疫系统,其存在的价值就在于使公司维持现状。"彼得·圣吉(Peter Senge)等人在《变革之舞》(*The Dance of Change*)一书中这样写道。因此,领导者若要发动一次持久的变革就首先必须得明白一点,"变革总是从局部开始有多么地重要,随着时间的流逝,它会怎样发展",他们说。

这就是为什么在小组会上给员工们播放顾客对我们产品和服务不满的录像这种做法,会远比首席执行官在备忘录中提出有必要"改善与顾客的关系"这种做法收到更好效果的原因所在。员工们不但会看清整个失败所造成的影响,进而努力挽回这种局面,而且他们也会马上开始讨论有助于解决这一问题的一些变革想法。

同样,圣吉等人还引用了一个例子,即一家化工公司发动的一场声势浩大的、全国范围的工厂维修计划,该计划刚开始收到了极好的结果,但后来却不了了之了。管理小组还曾经开了一个晚会来庆祝其小规模试验计划所取得的成功,并坚信公司的其他人也一定会愿意从中学习到一些经验，同时还出了一本宣传新战略的小册子。然而，在该计划扩展到其他几个工厂后，当遇到第一个受训者离开时就失败了。

然后，管理小组进行了重组，并决定缩小其目标范围。他们把目光对准了抽水机，因为它不仅容易出毛病，而且在提高整体生产效率的过程中至关重要。他们首先分离出10个最差的抽水机，再将这个目标范围逐渐增加到13个不同的场所。虽然一些工厂仍然拒绝进行这种变革，但是由于所实施的计划已经有了一定的基础，使得管理小组敢于扩大其计划的实施范围，面对更大规模维修的挑战，甚至对工厂的整体运作进行变革。管理小组因此得出结论：变革从小范围开始效果会更好。

在另外一个例子中，科恩和科特讲述了一个采购经理一直试图节约成本，但收效甚微。所以他悄悄地安排了一个工作手套展示，所有这些工作手套都是由他在全国各地的经理从不同的小贩那里以不同的价格购买的。他把手套放在桌子上，其中有许多仿制品，然后请经理们进去看一下。他们很快就明白了问题的原因所在。

科恩和科特称其为"可视化"，这种方式能够使员工们更清楚地了解一些生动的、具体的事实，这些事实完全能够使员工们相信有必要进行变革，而且还可以消除那些想保持现状的员工们一些思想上的障碍。

中层管理者的重要作用

乔恩·R.卡岑巴赫(Jon R. Katzenbach)在《真正的变革领导者》(*Real Change Leaders*)一书中写道，在公司的组织结构中，中层管理者是经常被忽略的一个群体。对于变革计划来说，这是一个相当重要的群体，因为他们直接对提高员工的工作业绩负责。

这些中层管理者最了解员工们的所思所想，他们每天都要在工作中显示出公司进行变革的努力。没有这种态度，那些冷嘲热讽的员工就很容易对首席执行官的最新声明充耳不闻。如在一家制造厂，员工们甚至通过调侃的方式表示对变革的态度：用首字母缩合词 AFP，即"另外一个好的计划"(Another Fine Program)来描述变革计划。

"有太多的领导者没有意识到其中的奥秘，他们只是一味地向前看，"科恩说，"所以，当我和你第一次在公司里听到宣布要变革的消息时，没有一个人会问，'这对我和我的工作来说意味着什么？'从这个意义上讲，首席执行官真的是最可依赖的吗？"

中层管理者是传递、沟通变革信息的关键环节，因为员工们首先会看他们是否能真正地接受变革，科恩说。"有太多的领导根本就没有意识到这一点，即如果没有中层管理者在背后起作用,大多数员工都会这样认为,'我没有必要进行变革。无论如何变革都不会发生的。'"科恩说,"一般情况下,低一层的员工都会这样说,'随他们便吧,如果我的老板没告诉我这事儿很重要,那它就不会发生。'"

正是由于中层管理者起着如此关键的作用,因此有必要先把沟通计划分成小部分,并在中层会上讨论,这应该是变革计划的基础之一。同时也要清楚:由于中层管理者知道他们要倾听本部门员工的抱怨和顾虑,因此会急于询问有关定岗、重组、补偿和其他新政策方面的问题和详细情况,以便向员工们解释。

创造信息反馈环节

不要忘记,从宣布变革计划那一刻起,沟通就应该是双向的。当人们在讨论新的工作流程时,他们就很可能在实际工作中加以运用。人们回答越多有关"怎样"的问题,他们就会越努力做出"怎样"的工作。

在科恩所调研的一家飞机制造公司,一名新上任的首席执行官认为,对于生产中存在的问题,他必须迅速找到解决办法。在一系列高管会议上,他概括了这些问题及其解决办法。

但是，为了深入到一线员工那里，这个新上任的领导抽出时间走进工厂与员工交谈，而不是将员工们召集到礼堂开会。在员工工余休息的地方，比如"吸烟室"，他通常会问员工公司的情况以及他们所面临的困难，然后就一些可能会威胁到使公司倒闭的生产方面的问题，征求他们的意见和建议。

这次为期一周的巡视帮助他制定了一个自动信息反馈环节：每当具体实施新想法和新措施时，首席执行官都要用几天时间走下去和员工探讨有关变革的事情，了解他们的反应，以及更好地调整工作流程、提高工作效率的建议等。

> 从宣布变革计划的那一刻起，沟通就应该是双向的。

在另外一家公司，首席执行官制定了一个每周报告制度：各部门领导将变革计划所遇到的疑问和问题收集在一起向他汇报。科恩认为，这样可以使他通过全公司范围的会议来正视面临的问题，同时也可以使他衡量围绕变革计划而流传的各种不正确的信息。

当变革开始显露出积极的效果时，不要忘记信息反馈环节所起的作用，无论这种作用是大是小，这一点是非常重要的。

参考阅读

Real Change Leaders by Jon R. Katzenbach and the RCL Team (1997, Three Rivers Press).

The Heart of Change: Real-Life Stories of How People Change Their Organizations by John P. Kotter and Dan S. Cohen (2002, Harvard Business School Press).

The Dance of Change: The Challenges to Sustaining Momentum in Learning Organizations by Peter Senge et al. (1999, Currency Doubleday).

作者简介

作者简介

凯瑟琳·凯恩（Katherine Kane）《哈佛管理顾问》(Harvard Management Mentor)撰稿人。

汤姆·克拉登马克尔（Tom Krattenmaker）费城地区的作家，也是斯沃斯摩尔大学（Swarthmore College）信息与新闻系主任。

罗伯特·卡普兰（Robert S. Kaplan）哈佛商学院领导力开发方面的马文·鲍尔（Marvin Bower）式教授，也是平衡记分卡协会（the Balanced Scorecard Collaborative）主席。

戴维·诺顿（David P. Norton）平衡记分卡协会主席和合作创始人。

劳伦·凯勒·约翰逊（Lauren Keller Johnson）《哈佛管理前沿》撰稿人。

尼克·摩根（Nick Morgan）《哈佛管理通讯》

(Harvard Management Communication Letter)前编辑。

莎伦·德鲁·摩根(Sharon Drew Morgen) 总部设在美国得克萨斯州的奥斯汀汽车公司顾问,通过与公司和员工的合作来改善、提高工作流程和决策过程。

里拉·博思(Lila Booth) 《哈佛管理前沿》撰稿人。

洛伦·加里(Loren Gary) 哈佛商学院出版社《时事通讯》编辑。

贝蒂·马顿(Betty A. Marton) 《哈佛管理前沿》撰稿人。

丽贝卡·桑德斯(Rebecca M. Sanders) 《哈佛管理前沿》撰稿人。

安吉莉亚·赫林(Angelia Herrin) 哈佛商学院出版社《时事通讯》编辑。

斯蒂弗·罗宾斯(Stever Robbins) 总部设在美国马萨诸塞州一家名为探险训练公司(VentureCoach, Inc.)的董事长。